"Hay heridas que no desaparecen, pero sí pueden dejar de doler."

Nunca Más:

Cómo Vencer las Sombras del Abuso.

*Es hora de romper el silencio.
Es hora de decir:* **NUNCA MÁS**.

Autor: **John Maurice**

"Hay heridas que no desaparecen, pero sí pueden dejar de doler."

En este libro, **John Maurice** comparte su historia real de abuso sexual infantil y cómo logró transformar el trauma en fuerza, éxito y libertad. Con un mensaje honesto y esperanzador, te guiará para:

✔ Reconocer las señales de abuso en niños y adultos

✔ Proteger a tus hijos y seres queridos con estrategias prácticas

✔ Romper el silencio que encadena y recuperar tu voz

✔ Usar el dolor como motor para triunfar.

Si alguna vez te han roto, aquí aprenderás a reconstruirte.

Si alguna vez fuiste silenciado, aquí encontrarás tu grito de victoria.

"Hay heridas que no desaparecen, pero sí pueden dejar de doler."

👤 Biografía de Autor

John Maurice, es empresario, conferencista y escritor. Sobreviviente de abuso sexual infantil, dedica su vida a empoderar a otros para transformar el dolor en éxito y libertad. Fundador de proyectos de liderazgo y motivación, combina su experiencia personal con estrategias prácticas para inspirar a miles a conquistar su pasado y construir un presente sin cadenas.

Actualmente vive entre Estados Unidos y Latinoamérica, donde imparte conferencias, entrena emprendedores y publica contenidos que despiertan la mente y el corazón.

"Hoy su misión es recordarte que nada puede detenerte si decides levantarte."

"El abuso me rompió, pero nunca me venció. Hoy te enseño cómo vencerlo tú también."JM.

"Hay heridas que no desaparecen, pero sí pueden dejar de doler."

Sinopsis

¿Qué pasaría si el dolor que un día casi destruyó tu vida pudiera convertirse en la fuerza que te levante?

En *Nunca Más: Cómo Vencer las Sombras del Abuso*, John Maurice abre su corazón y su historia con brutal honestidad, compartiendo no solo su experiencia como sobreviviente de abuso sexual desde los cuatro años, sino también su camino hacia la sanidad, el éxito y la verdadera libertad.

Este libro no es solo un testimonio. Es un manual para:

- ☑ Identificar las señales de abuso en tu entorno
- ☑ Proteger a tus hijos con estrategias claras y efectivas
- ☑ Romper el silencio y quitarle poder al pasado

"Hay heridas que no desaparecen, pero sí pueden dejar de doler."

- ☑ Transformar el trauma en motivación para triunfar
- ☑ Sanar la culpa, el temor y la vergüenza que el abuso deja

"Nunca Más es solo el inicio. Es hora de que tu vida vuelva a brillar." JM.

John Maurice demuestra que la victoria no es olvidar lo vivido, sino usarlo como combustible para impactar vidas y construir un futuro sin cadenas. Si eres víctima, padre, educador, líder espiritual o social, este libro será tu guía para decir **NUNCA MÁS** a los abusadores y a las sombras que intentan destruirte.

Prepárate para llorar, sanar y renacer. Es hora de vencer las sombras. Para siempre.

"Hay heridas que no desaparecen, pero sí pueden dejar de doler."

Prólogo

Este no es un libro fácil de leer. Es un libro necesario.

Vivimos en un mundo donde el abuso sexual infantil sigue siendo un secreto silenciado por miedo, vergüenza o indiferencia. Un mundo donde miles de personas caminan con heridas invisibles, cargando el peso de un pasado que no eligieron.

En *Nunca Más: Cómo Vencer las Sombras del Abuso*, John Maurice no solo comparte su historia, sino que abre un camino de sanidad y libertad. Te guía para dejar de ser víctima y convertirte en un sobreviviente que inspira. Te enseña que, aunque el dolor no desaparezca por completo, su poder sobre tu vida sí puede terminar.

Este libro es un llamado a la acción: Para hablar.

"Hay heridas que no desaparecen, pero sí pueden dejar de doler."

Para proteger.

Para sanar.

Para gritar: **¡Nunca Más!**

Si hoy estás leyendo estas páginas, es porque tienes la fuerza para enfrentarte a tus sombras y transformarlas en luz. Aquí aprenderás que lo que te pasó no define quién eres, y que tu futuro aún puede brillar con más fuerza que nunca.

Prepárate para llorar, para sanar y para renacer.

Porque después de este libro, Nunca Más serás el mismo.

"Hay heridas que no desaparecen, pero sí pueden dejar de doler."

Dedicatoria

A todos aquellos que fueron silenciados, pero siguen vivos.

A los que lloraron en secreto y sonrieron en público.

A los que sobrevivieron cuando no sabían cómo.

Este libro es para ti.

Para recordarte que tu voz tiene poder, que tu vida tiene valor y que el futuro aún te pertenece.

"Hay heridas que no desaparecen, pero sí pueden dejar de doler."

INTRODUCCION

¿Quieres saber cómo recuperarte después del abuso, como evitarlo, como detectar a los abusadores, como tratar el tema con tus hijos?, como sanar las heridas profundas que el abuso deja?, ¿cómo salvar la vida de quien ha sido víctima?

Aquí te comparto la respuesta a todas estas preguntas y muchas más.

La clave para sobrevivir al abuso sexual, consiste en las tres (S).

1. SENTIR…. Expresar el Dolor, el sufrimiento, HABLAR DE LO QUE TE PASO, con tus padres, un psicólogo, decir, como, cuando y que sientes, sea lo que sea, dejar salir todos tus sentimientos, es la mejor manera de quitarle fuerza al daño que te hicieron.
2. SOLTAR…. ¿Recuerda que lo que no nos mata, nos hace más

"Hay heridas que no desaparecen, pero sí pueden dejar de doler."

fuertes, Ya eso paso, ahora no pasara más mas, dejar en manos de Dios la venganza, él se encargara, eso no te define como persona, ¿eres el resultado de lo que harás con lo que te hicieron?, se luz no oscuridad, has el bien no el mal, nada malo que le hagan a uno justifica que uno obra mal.

3. SONREIR…. No mires hacia atrás, destruye tus recuerdos malos, con metas y objetivos de hoy en adelante, concéntrate es ser lo mejor en todo lo que hagas, ser un triunfador, teniendo presente que para llegar a serlo, tendrás que intentarlo muchas veces, si inicias desde este instante, busca a diario Vivir sin que el trauma controle tu vida, ser feliz aunque esos recuerdos nunca se vayan del Todo.

"Hay heridas que no desaparecen, pero sí pueden dejar de doler."

En este libro les contare desde mi historia, como: Sentir, Soltar, Sonreír.

Primero les contare lo que sentí, lo que aun siento, lo que hay dentro de mi corazón lleno de dolor, luego les contare como soltar, como lo he hecho yo a pesar de que fui abusado muchos años desde mis 4 años, y aunque crecí lleno de temores y dudas, les diré como he llegado a ser exitoso y feliz miles de veces y como sonreír, aunque este daño sea permanente en la vida, como ser feliz y hacer feliz a quienes amamos , sin que la sombra del pasado oscuro nuble nuestra luz.

SENTIR.

"cuando te llenes de ansiedad, temor o dudas, respira profundamente, aguanta la respiración hasta que no aguantes más, luego, suelta el aire por la boca poco a poco, lentamente, y

"Hay heridas que no desaparecen, pero sí pueden dejar de doler."

hazlo así hasta 10 veces, y te darás cuenta como tú, así, controlas tu ansiedad y destruyes tus temores "

Esta es mi Historia, lo que sentí…. Eran más o menos las cuatro de la tarde, el depredador fue un tío mío, quien se había ganado la confianza absoluta de mis padres, al que por ser cantante, músico, mi familia confiaba plenamente en él, quien le ayudaba económicamente a mi familia y era "todo un señor"; se preocupaba por sus hermanos y sus sobrinos y nadie sabía que era un depredador y que lo que iba a hacer, que quizá ya había hecho a muchos niños, iba a destruir a toda una familia, iba a destruir toda mi vida que apenas estaba empezando.

Era el año 1980, tenía un poco más de cuatro años. Lo que primero recuerdo es que estaba jugando en la acera de mi casa con mis primitos y

"Hay heridas que no desaparecen, pero sí pueden dejar de doler."

amigos del barrio, apenas estaba aprendiendo a jugar, no sabía patear bien un balón de fútbol... menos de cinco años, no había asistido el primer día ni si quiera al Kínder; Mi vida tenía todo un futuro por delante, la vida era maravillosa, recuerdo ese instante, imaginándome a ese niño... ¡ese niño que era yo!... y recuerdo el calor abrazador, todos sonriendo, no entendía absolutamente nada de la vida, solo que era para ser felices.

A veces no entendía por qué las lágrimas de algunas personas, porque los gritos de algunos adultos, por qué mi padre se levantaba tan temprano a trabajar y volvía tarde, pero llegaba contento, llegaba con pan, creía que todo era una maravilla y así lo era hasta ese instante.

Cuando este individuo me dice "venga para adentro", en la casa ya no había nadie, vivía detrás de la casa nuestra, que se entraba por una ventana a la

"Hay heridas que no desaparecen, pero sí pueden dejar de doler."

alcoba de él, porque él vivía era en el otro piso, pero se entraba por el piso nuestro a la casa de él, hacia la alcoba del... y fue mi primer día de abuso sexual.

Cuando entre a esa alcoba, ilusionado por un video juego que mis primos tenían pero yo no tenía y que él me dijo que me iba a dar uno de esos y que entrara que no había nadie más y que no me podía cuidar fuera en la calle... me tira a la cama y lo único que me dice es "si te duele no llores", "no le vas a decir a nadie que te mato", "si le cuentas a tu familia morirán, si le cuentas a tu abuelo, morirá, nadie te creerá y no llores callao".

Hoy treinta y ocho años después a veces voy conduciendo y sin estar pensando en eso, sino en las cosas cotidianas, en un semáforo, por ejemplo, me llegan al oído izquierdo las palabras "si te duele no llores" y

"Hay heridas que no desaparecen, pero sí pueden dejar de doler."

empiezo a mirar hacia todos lados a ver dónde está ese depredador, me lleno de temor y de inseguridades… ¡oh Dios! ¡Qué dolor!... Después de que salí de ese cuarto, vuelto nada y destrozada mi vida en pedazos con temor y temblor ya miro desde el balcón de mi casa a mis amigos que hacía pocos minutos estaban sonriendo conmigo, pero ya la vida para mi… el cielo no era azul… era oscuro, todo eran ya tinieblas, la vida no tenía sentido.

Se me partió la vida en miles y miles de pedazos, aquel niño rubio, pequeño, inocente me preguntaba ¿Qué paso?, ¿Qué paso? … ¿qué me hizo? ¿A mí por qué?; entre en una confusión que a los 48 años todavía no la he aclarado.

De ahí en adelante lo más cercano que tenía era mi hermana mayor, de ahí en adelante empecé a ser dependiente de la protección de todo

"Hay heridas que no desaparecen, pero sí pueden dejar de doler."

aquel que me mostrara cariño, me aferraba como quien dice… ¡no me sueltes, que me van a hacer daño! Lastimosamente esa dependencia del amor y aceptación de los demás me ha encaminado a ciertos dolores que me han destruido más y más la vida.

Como mi familia era religiosa, me enseñaron desde niño, puesto que yo desde allí empecé a ser un niño silencioso, apartado, retraído, me enseñaron a orar a Dios… ¡Qué pesar de mis padres! Ni siquiera entendían porque yo empecé a ser de un momento a otro tan callado, creían que estaba aburrido de que mi papa trabajara tan duro, mi mama también y que no tuviéramos sino la comida, quizás pensaban eso… pero

mi silencio gritaba dentro de mi todo el dolor y angustia que tenía, como lo hice hasta hoy.

"Hay heridas que no desaparecen, pero sí pueden dejar de doler."

Desde allí en adelante cada que me enseñaban algo, ni siquiera me concentraba, solo miraba las personas que me estaban enseñando y por inercia, no sé por qué, entendía todo, nunca perdí ningún año en el colegio y siempre fui muy bueno para todo, cualquier estudio, cualquier cosa la entendía fácil, pero nunca me he concentrado en nada porque mi mente siempre está luchando contra algo que se llama los temores.

Cuando un niño como tú o como yo es abusado sexualmente, **los temores son una lucha constante.**

Los temores son lo más poderoso en un ser humano para determinar si: eres feliz, o no lo eres; para determinar si eres exitoso, o no lo eres. Los temores son el peor cáncer que puede tener un ser humano.

Cuando me enseñaron a orar, me di cuenta que existía un Padre en los

"Hay heridas que no desaparecen, pero sí pueden dejar de doler."

cielos que nos iba a proteger, no me enseñaron por qué Él permitía el sufrimiento hasta cuando ya estaba más grande, pero entendí que no era una obra de Él, que el Dios Padre que tenemos en los cielos, nada tiene que ver con lo malo que nos pasa a nosotros, yo entendí eso.

Así que cuando buscaba la soledad y que me dejaran en casa bajo llave, así como cuando me encerraba en el baño y me sentaba al rincón de la ducha con la puerta cerrada con la llave abierta de la ducha, me acuclillaba y me abrazaba las piernas con mis brazos para sentirme seguro, así que cuando mis padres se iban de la casa, miraba por la ventana que cerraran la reja, que le echaran llave a la puerta, para arrodillarme, miraba al techo, un techo blanco con tejas de barro y madera negra, me arrodillaba en un piso amarillo con unas imágenes color blanco, rojo, verde y

"Hay heridas que no desaparecen, pero sí pueden dejar de doler."

café... miraba este cielo blanco y le decía a Dios;

Padre, Padre... por favor sálvame de lo que me está pasando y protege a mi padre, a mi madre y a mi abuelo para que no los maten. Los temores me tenían preso debido al abuso.

Entendía yo que mi silencio protegería a mis padres, a mi familia... entendía que en mis manos estaba la vida de ellos, o sea el temor, manipulación de ese depredador, ya estaba en mi cabeza, ya tenía perturbada mi conciencia, haciéndome creer que era mi culpa todo lo malo que pasara de allí en adelante, ¡una total falsedad!

Así que ya a los temores se le unió lo siguiente: el ingrediente dos de este cáncer emocional de los temores, llamado las culpas, desde allí en adelante todo lo malo que pasaba me

"Hay heridas que no desaparecen, pero sí pueden dejar de doler."

cuestionaba, "es por mi culpa"," yo lo hice", "es por mí", "no merezco nada".

Al ser tan infante, esta misma situación duro varios años, muchos más de los que cualquier ser humano puede soportar, una vida de presión, amenazas, maltrato emocional y abuso, pero siempre mi amor a mi familia y mi cercanía a Dios me sostuvo hasta hoy.

Durante mi adolescencia fui un joven callado y retraído. Nadie en la escuela entendía mi silencio; solo les importaban mis notas, y aunque siempre cumplía, dentro de mí habitaba un dolor que nadie veía.

En la secundaria empecé a rodearme de amistades que no eran las mejores. Algunos tenían acceso a armas y hablaban de violencia como si fuera algo normal. Fue un refugio equivocado para mi sufrimiento, pero

"Hay heridas que no desaparecen, pero sí pueden dejar de doler."

en ese lugar encontré la fuerza para enfrentar mis miedos.

Hubo un momento en el que la ira y el dolor casi me llevaron a perderme para siempre. Armado, confronté a quien tanto me había dañado y tuve la oportunidad de acabar con su vida. Mis amigos me alentaban a hacerlo, pero dentro de mí escuché la voz de lo que mis padres me habían enseñado: **la venganza no nos corresponde, solo a Dios.**

Ese día entendí algo que cambiaría mi vida: **la justicia verdadera no es la violencia, es la libertad interior.**

Gracias a esa decisión no me convertí en lo mismo que tanto me había herido. Elegí otro camino, y aunque me equivoqué muchas veces, descubrí que **sanar es más poderoso que vengarse**.

Me dirijo hacia los miembros de la organización religiosa y les digo todo

"Hay heridas que no desaparecen, pero sí pueden dejar de doler."

lo que me había pasado hasta entonces y me dan su apoyo y ayuda, ya para entonces tenía 14 años, allí entonces me dedico a estudiar la biblia y esto me da más enfoque en la vida, a los 15 años me dedico completamente a ello, a los 16 años me dedico a ir a pueblos, a veredas alejadas de la ciudad a ayudar a jóvenes que habían pasado por situaciones similares a las que yo había pasado, entonces a estos jóvenes yo los ayudaba dándoles consejos referente a lo que yo había vivido, como lo había soportado y como refugiarse en Dios y eso me llenaba de cierta paz, eso me llenaba de cierta alegría.

Estando allí mientras ayudábamos a esos jóvenes me tocó vivir con una persona en una casa y resulta que esa persona tenía las mismas inclinaciones que el depredador que me hizo todo ese daño, así que eso

"Hay heridas que no desaparecen, pero sí pueden dejar de doler."

me despertó automáticamente, al ver sus insinuaciones, me despertó automáticamente en la mente los temores, lloraba todas las noches y me entro un pánico a la muerte total, un pánico absoluto; así que me alejo de esta situación y me dedico a trabajar, como refugio siempre mi mente se ha concentrado en las cosas que hago y las hago bien, aunque no haya sido entrenado para eso, me dedico a trabajar y en cuestión de solo 6 años pase de ser mensajero a ser secretario, de ser secretario a ser administrador, de ser administrador a ser gerente y de gerente a ser dueño; cuando solo tenía 21 años ya era microempresario, dueño de mi propia inmobiliaria.

Estando en esa época conozco a mi esposa , primero me concentre en ser buen amigo de ella , luego antes de entablar una relación seria, le cuento lo que me había pasado de Niño, eso

"Hay heridas que no desaparecen, pero sí pueden dejar de doler."

me sirvo mucho, ya que al conocer su reacción sabía si ella iba a aguantar el voltaje que es manejar las emociones de alguien que ha pasado por el abuso, y dese allí, mi esposa empezó a ser y hasta el sol de hoy mi mejor amiga, me caso con ella y después de esto, se me acerca un individuo diciéndome que yo era una persona espiritual y que él quería ayudarme a que yo le sirviera más a Dios, así que él quería contarme que él ha tenido mucho dinero, que él quiere enseñarme a ganar mucho dinero haciendo negocios con obras de arte, con propiedad raíz y que él veía que yo vendía finca raíz así que me quería ayudar ¿Ok?

Una de las debilidades con la que crecí en medio del abuso sexual fue creer en toda aquella persona que viene y me muestra cualquier tipo de cariño, sinceridad, apoyo, algo que no debe pasar.

"Hay heridas que no desaparecen, pero sí pueden dejar de doler."

¿Por qué decidí escribir este libro? Porque deseo enseñar todo lo que vive una persona que ha sido abusada sexualmente y qué nos da temor que las personas, que el mundo entero, sepa que fuimos abusados, por temor al rechazo, por temor al asco, por temor a que nos abandonen, a que no nos quieran.

Porque quiero abrirles los ojos a los padres, de tal manera que detecten aquellos depredadores y eviten que sus vidas y sus hijos sean destruidos.

Quiero mostrarles las conductas que tienen aquellas personas depravadas para que los identifiquen dentro de sus propias familias, para que aprendan a ponerles trampas y los atrapen y eviten así que su hijo, su hija, sufran lo que yo he sufrido, y, que lo que yo he sufrido, lo sufren muchas personas en el mundo.

"Hay heridas que no desaparecen, pero sí pueden dejar de doler."

Ustedes pueden mirar historias de famosos, de personas ilustres en la vida pero que al mirar en su niñez fueron abuzados sexualmente, ¿y quiénes son hoy? Grandes... pero pueden preguntarle a cualquiera de ellos, uno puede estar en una tarima, bajo cámaras de video, entrevistas, ser famoso, riquezas, sonrisas, fiestas... pero el daño es permanente.

Una cosa es que aprendas a vivir con ello y otra cosa es que ese daño se te acabe. ¿Tienes que aprender a quitarle el poder de hacerte daño, eso sí lo puedes lograr, cómo?, deja de pensar en lo que te paso y concéntrate en lo que estás haciendo hoy para triunfar.

Después de un abuso sexual el daño nunca se acaba, pero si lo puedes usar como combustible para avanzar hacia adelante en tu vida.

"Hay heridas que no desaparecen, pero sí pueden dejar de doler."

¿Podemos ser felices? Sí, pero las personas que hemos sido abusadas sexualmente, somos felices de esta manera, ayudando a otros a ser más fuertes, a ser felices, ya que nosotros no lo hemos sido, el hacer obras buenas para otros nos da propósito, alegría.

Un psicólogo decía una vez que todos tenemos lo que nos merecemos, en parte es cierto y en gran parte es falso, ¿se merece un niño de 4 años, de 10 años, de 11 años, de cualquier edad, un adolescente...se merece que sea abusado sexualmente? ¡Nadie merece eso!, ni aun siendo adulto; así que no me vengan con el cuento que todos en la vida tienen lo que se merecen, así no es.

Otro psicólogo me decía en una ocasión de que... "no es que ese tema ya no es importante, eso ya pasó, no lo toquemos", entendí yo ese día que este tema es tan grave que lo puede

"Hay heridas que no desaparecen, pero sí pueden dejar de doler."

destruir a uno cuando no lo saca a la luz, pero un mensaje para todos aquellos que han sido víctimas de abuso sexual;

"has publico tu abuso y perderá el 90% del poder que ese daño tiene sobre ti, hazlo público, ¡pero ya!"

Entre más escándalo hagas, más libres quedaras. Porque esas porquerías de los abusadores tienen que quedar expuestos, acabados y aniquilados.

En una ocasión me le acerque a una tía, hermana de ese delincuente, de ese depredador, a advertirle que su hijo podría estar siendo víctima de este, porque él andaba con ese delincuente y esta tía de manera irrazonable, llega y me dice "mmm que pecado de usted que le paso eso, pero si él se lo hizo fue porque a él se lo hicieron también".

"Hay heridas que no desaparecen, pero sí pueden dejar de doler."

Nunca una tribulación, una angustia, una injusticia, un dolor, un sufrimiento, es justa causa para que tú hagas sufrir a otra persona, ¡Nunca!

EXTRAÍDO DE:
NUNCA MÁS
JOHN MAURICE

"Mi pasado no define mi futuro, solo fortalece mi camino."

"Hay heridas que no desaparecen, pero sí pueden dejar de doler."

Eso es lo que piensan muchos cuando hacen daño a los demás, "ah es que como yo sufrí…" y eso es una tontedad.

Si seguimos pensando así, los depredadores nunca se acabaran y siempre los que fueron abusados entonces serán vistos como posibles abusadores y eso es falso, las victimas que tienen un buen corazón, siempre detestaran el abuso, la educación familiar, forma las raíces década persona, y si a tu hijo le enseñas a hacer el bien, aunque sufra un abuso, siempre buscara seguir haciendo el bien a los demás, de allí, la importancia en educar con principios , amor, y mucho cuidado a los hijos.

¿Detectemos a los abusadores, que están en derredor de nosotros, como?

"Hay heridas que no desaparecen, pero sí pueden dejar de doler."

¡Padres! ¡presten atención!, cuando un familiar de ustedes se acerca a sus hijos, los abraza, les da besos, les da regalos, juegan con ellos, se les tira encima, juegan, pelean, préstele atención, ningún hombre puede mostrarle un cariño excesivo a su hijo o a su hija, ninguna mujer puede mostrarles amor excesivo a sus hijos.

Siempre debe existir un límite que solo lo traspasa la mamá, porque hasta los padres pueden ser los abusadores.

Cuando un padre besa y besa a su hijo en la boca, ¿Por qué lo hacen? Una cosa es de grandes, entre el mundo artístico, por ejemplo, Vicente Fernández y Alejandro Fernández que hay un video donde se dan un beso en la boca, pero eso, ustedes lo miran y lo hacen como con ese respeto de padre a hijo, pero otra cosa es cuando un tío o un familiar cercano o un propio padre le da besos a su hija

"Hay heridas que no desaparecen, pero sí pueden dejar de doler."

y que se le ve inmediatamente como un amor excesivo.

¡allí hay algo extraño ya!

Cuando un hombre, familiar de un niño o niña, le gusta jugar mucho con él, pero no le gusta jugar con los otros que son más grandes, o no le gusta jugar tanto con las sobrinas sino con el sobrino, ahí hay algo extraño.

Cuando ustedes observan que llega un familiar y ese familiar abraza y manotea de un lado para otro y su mundo gira en torno a uno solo de sus niños familiares, ahí hay algo extraño.

Esta es la hora que mis padres todavía no creen esto que me paso, es más fácil negarse a creer, mentirse uno mismo, que aceptar esta cruel realidad.

Padres ¡abran os ojos! ¡Créanles a sus hijos lo que ellos les dicen, escucha a tu hijo, siempre!

"Hay heridas que no desaparecen, pero sí pueden dejar de doler."

¿Como detectar si a tu hijo le está pasando algo extraño?

Cuando ustedes observen que un hijo, se retrae, cuando un niño esta callado y se hace a parte de los demás, a ese niño ya le está pasando algo, entonces pongan trampas; sigan su vida rutinaria, si ustedes lo vienen dejando con alguien, una persona x o y, ok, pongan la trampa.

1. cámaras de seguridad ocultas, Regresen a una hora que el crea que no.

2. hablen con su hijo con amor y con juegos sáquenle la verdad y

3. Prepárense para atrapar a ese delincuente y mandarlo a donde se merece, a la cárcel, a donde pague por su delito.

Cuando decidí escribir este libro, mi objetivo principal es para ustedes jóvenes, para ustedes adultos que

"Hay heridas que no desaparecen, pero sí pueden dejar de doler."

cuando niños fueron abusados, seamos grandes con lo poco que nos sentimos, porque siempre nos sentiremos así y a veces lo escondemos detrás de cierta grandeza o apariencia de que somos los indestructibles, o que somos los... el mero macho, el gerente, el jefe, el más inteligente.

A veces nos engañamos nosotros mismos con esa mascara, con esa vida ficticia, eso es una mentira no más, la verdad es que por dentro nos sentimos destrozados, entonces he escrito esto para todos ustedes, porque nos debemos sentir como lo que somos unos triunfadores, unos guerreros, unos campeones.

Pero, como podemos evitar el abuso, ¿o si paso como recuperamos?

LA PROTECCION FAMILIAR

En nuestros hogares nada de eso sucedería si blindamos a nuestros

"Hay heridas que no desaparecen, pero sí pueden dejar de doler."

hijos de las malas intenciones de los familiares o amigos que llegan a la casa y con "amor" destruyen nuestros hogares.

Siempre marca limites, tu metro cuadrado, nadie más puede acceder, solo tú, tu esposa y tus hijos, nadie más y eso que esposas presten atención, no debemos general desconfianza de todo el mundo, pero más vale la protección que la seguridad, más vale la protección que la policía; en ocasiones uno trata de sacar lo mejor de sí para ocultar lo peor que hay en uno, que es por ejemplo ese temor o esa culpa.

Primero que todo tenemos que aprender hombre o mujer abusado que los temores pueden llegar a ser tu combustible, tu razón, tu motivación, tu protección, pero hay que ponerlos en su sitio; primero debes de sentir, o sea si... sentir el temor y me paso esto...y eso hay que sentirlo, eso se

"Hay heridas que no desaparecen, pero sí pueden dejar de doler."

siente, así no queramos, ok siéntelo pero después suéltalo, o sea ya, ya sufrí con esto ya yo no puedo hacer más nada y luego sonríe, o sea dedícate a tus otras cosas de la vida y esa misma estrategia de sentir, soltar y sonreír aplícala todos los días si es necesario cada que te lleguen esas malas emociones hasta que perderán el 99% de fuerza sobre ti, porque si no te pasara lo que a mí me ha pasado. ¿Qué me ha pasado? Te cuento...

Voy a contar cosas que yo he logrado, que jamás las ha logrado ninguna otra persona por mucho que haya estudiado. Yo primero casi que no termino el bachillerato, segundo no he terminado nunca una carrera profesional, tercero todas las que he empezado las he dejado iniciadas y aun así les voy a contar lo que he hecho.

"Hay heridas que no desaparecen, pero sí pueden dejar de doler."

Primero, cuando me desprendo, suelto esos temores, esas culpas, a los 21 años, me caso, soy independiente, monto mi propia empresa inmobiliaria, mantenía a toda mi familia, ganaba un promedio de once millones de pesos mensuales, estamos hablando del año 1996, pasamos de ser una familia de escasos recursos ya a tener dos carros, finca, lotes, casas, con solo 6 años de trabajo mío, donde pase de ser mensajero, secretario a gerente, había conseguido estas cosas en poco tiempo con escasos 21 años y conozco este delincuente que nos quitó todo aprovechándose de mi buena intención de confiar en las personas.

Llegue a ser gerente de una empresa programadora de televisión y a hacer y dirigir programas de televisión, cosa que yo nunca había hecho y hasta fui entrevistado como el dueño de la

"Hay heridas que no desaparecen, pero sí pueden dejar de doler."

programadora de televisión de ya dos programas famosos… pero en mi parte débil de buscar y comprar la aceptación de todo el mundo y como abrazar y atesorar toda aquella persona que me diga te aprecio, te quiero ayudar y entonces si ven y entonces lo abrazo… confié en un delincuente que después llego a ser el que nos quitó todo lo que yo había conseguido en poco tiempo, nos quitó más de 5.000 millones de pesos en el año 1999 a 2000 y me destruyo la empresa inmobiliaria y programadora de televisión.

¿Qué paso allí? Fui grande, me concentre y canalice mis emociones, mis temores y mis dudas las canalice hacia un objetivo de salir adelante y sacar a mi familia adelante y lo logre, y en poco tiempo; logre en pocos años cosas que muchos empresarios y que estudian y fuera del país, no lo logran, yo lo hice en solo 6 años.

"Hay heridas que no desaparecen, pero sí pueden dejar de doler."

¡eso puedes ser tú!

Cuando has sido abusado sexualmente puedes canalizar tus intenciones de salir adelante y de ser feliz de tal manera que lo logres, llegas a tener una magia en ti, una fuerza, gracias a ese sufrimiento plasmado en ti, concentrado, esa angustia en ti, tu mente cuando le dices concéntrate en algo, saca todo como si fuera una represa que estalla y saca las mejores ideas, los mejores pensamientos, cosas de las cuales no has estudiado y las sabes hacer, eso eres tú, hombre o mujer que ha sido sexualmente abusado, tienes en ti un poder gigante el cual te llevara a salir adelante más que otros.

Después de esto imagínense, me dirijo hacia Costa Rica allí llego y presento un video de los programas que yo dirigía, me contratan en cuestión de 8 días como programador ejecutivo de uno de los programas

"Hay heridas que no desaparecen, pero sí pueden dejar de doler."

más populares del país y me dedico y empiezo a sacar ese programa mucho mejor de lo que lo estaban haciendo…

¿Estudie para eso? ¡Para nada! O sea, vuelvo y me encamino, huy ya… me estafaron, me amenazaron de muerte, pero me vengo para este país y aquí voy a salir adelante.

Después de esto una amiga del gerente general del canal le dice; "él, Juan, o yo" si lo deja a él, en el canal me voy yo, y me sacan como a un perro. O sea, de nuevo en la calle. Otra Oportunidad.

Entonces me sacudo otra vez y digo; ¿ok, que voy a hacer?… ¿mira Juan, Me dije yo mismo, ¿tú que es lo que mejor haces? ¡Ah! Vender… a vendamos, hablé con uno de los 14 que vivíamos en una casa con 2 cuartos en Costa Rica, que supe que vendía alarmas, y le dije lléveme a su

"Hay heridas que no desaparecen, pero sí pueden dejar de doler."

empresa... él me dice que "¡no! Porque es que eso es muy difícil" ... le insistí llévame por favor.

El me lleva y me presenta a la gerente, La gerente me hace una entrevista, "¿usted quién es?" Le cuento lo que había hecho... pero le digo deme la oportunidad, nunca lo he hecho, pero deme la oportunidad, "¿seguro?", seguro.

Pues me explican más o menos que era lo que vendían, eran unos sistemas de seguridad, que tenían un monitoreo y que una central de monitoreo mandaba una reacción, que la empresa dueña de esto era la que mandaba en una fábrica de emisores satelitales, que señal submarina, y de señales aeronáuticas y... bueno me dijo un montón de cosas ese día ahí por encima... yo bueno ¡ok! Vamos a un centro comercial para que yo observara, me siento a analizar a cada uno de los

"Hay heridas que no desaparecen, pero sí pueden dejar de doler."

vendedores, como lo hacían, unos charlaban… otros sonreían… otros molestaban… otros hablaban mal del jefe… empiezo yo a leer los contratos, la publicidad que tenían, a mirar la gente, como dejaban pasar la gente… entonces le digo al supervisor "¿me dejas ensayar?" … bueno… que falla, al final del día solo había vendido yo cinco alarmas, ¡no más!... no yo todo triste haciendo fuerza… yo ¡hay! La señora me va a decir que no sirvo.

Cuando me llaman y estaba ella y el gerente general, el gerente comercial, el gerente técnico ahí reunidos… y yo ¡huy! Que haría mal yo… cuando me dicen "oiga ¿usted cómo logro estas cinco ventas?" yo… no que falla es que como yo no sé…me hacían preguntas que yo no entendía, pero igual yo hice el esfuerzo… "no… pero ¿Cómo lo hizo? Y yo no, pues me les acerque a las personas, les explique que era la mejor empresa de sistemas

"Hay heridas que no desaparecen, pero sí pueden dejar de doler."

de seguridad, que había una reacción… y todo eso y me firmaron… "¿y todos le firmaron con débito automático?" "Esto es difícil". Y yo si… creí que esa era la condición…. "ah no le explicaron bien" y yo… no… no me explicaron.

"No lo que pasa es que queremos decirle que cinco alarmas es lo que vende el mejor vendedor aquí en un mes y usted lo hizo en un día. Me sorprendí, de ahí en adelante vendía 80, 50, 60 alarmas al mes. En cuestión de pocos meses fui supervisor comercial y llegué a ser el mejor vendedor de centro América para la empresa ADT American District Telegraph. Otra vez caigo, me sacudo y gano otra vez.

De nuevo mi mente acumulando sus emociones saca lo mejor de mí; saca la magia, saca el espíritu de líder… eso eres tú, hombre o mujer que ha sido abusado

"Hay heridas que no desaparecen, pero sí pueden dejar de doler."

sexualmente, tienes dentro de ti un potencial que muchos desearían tener.

Después de esto llega mi esposa a este país, tenemos a nuestro hijo y ya viéndolos yo en una casa pequeña, les dije devolvámonos... y con los temores de lo que me habían quitado estos delincuentes, en todo caso inicio y en cuestión de 4 o 5 años monte otras tres empresas... pero siempre me ha pasado lo mismo en poco tiempo las saco adelante, crezco millonariamente y después caigo.

¿Qué es lo que pasa? Que a nosotros los que hemos sido abusados sexualmente, nos pasa que cuando no nos controlan los temores, nos controlan las culpas y cuando no nos controlan los temores y las culpas, dependemos de la aceptación de los demás y cuando somos rechazados,

"Hay heridas que no desaparecen, pero sí pueden dejar de doler."

entonces soltamos todo lo que tenemos construido y lo dejamos en manos de los usurpadores.

¡Eso es lo que pasa con nosotros!

Así con este escrito quiero enseñarles ¡por favor! Que no sigamos siendo así, porque yo he sido así, he montado más de doce empresas, ¡pero hasta hoy! mi última empresa se llama este libro que tú estás leyendo y este quiero que quede escrito y nadie me lo va a destruir como he soltado todas mis empresas cuando llegan usurpadores y se me lo llevan, este no se lo podrán llevar porque está en tus manos, y porque está escrito y porque lo que queda nadie me lo puede robar, porque es mi historia, es algo que te podrá ayudar a ti, te sacara adelante.

Así que miren, por ejemplo, se acuerdan de que escribí que cuando me fui a ayudar a los jóvenes en una

"Hay heridas que no desaparecen, pero sí pueden dejar de doler."

vereda, detecte inclinaciones en este individuo que estaba ahí haciendo este servicio conmigo y que entre en pánico... pues bueno, esta persona después me llama a los cinco años de pasarme esta situación con él, me llama y me dice que si lo ayudo con una empresa... pues bueno me dirijo hacia donde él esta y... por su esposa y por su hija y lo ayudo a montar una empresa de sistemas de seguridad.

Después, yo pongo una plata y después me dice que esta empresa no servía, le creo, recojo mis pocas cosas que tenía que recoger, pero después al año llama otra vez "esta belleza" ... y me dice que si lo ayudo que es que monto una empresa y que esta embalado con impuestos al gobierno.

Entonces voy y reviso y era que con todo lo que yo le había entregado para hacer mi empresa que después dijo

"Hay heridas que no desaparecen, pero sí pueden dejar de doler."

que no servía, monto una para él y cuando voy y reviso los clientes eran todos los míos.

Entonces ¡otro error! Tenemos que ser firmes y sólidos en nuestro carácter.

Si ya había observado yo en esa persona malas inclinaciones, y aunque después llame a pedir perdón o ayuda eso no quiere decir que tú lo tengas que otra vez a aceptar que forme parte de tu vida o de tus proyectos, tienes que separar: una cosa es el amor hacia al prójimo y otra la tontedad, la debilidad de personalidad o de carácter generada por el abuso.

Si señoras y señores, nosotros que hemos sido abusados, tenemos que ser firmes de carácter, fuertes de personalidad y todo aquel que nos ha hecho daño, dejarlo a un ladito y cuando esa persona necesite ayuda

"Hay heridas que no desaparecen, pero sí pueden dejar de doler."

se le da mejor en la distancia o con consejos, no de manera física o personal porque como somos débiles volvemos a caer, nos capan más de dos veces.

La última experiencia que a mí me ha pasado, es que salgo adelante con una empresa constructora, con esta empresa constructora, saco proyectos de bienes inmuebles nuevos, de nuevo sin mucha experiencia, sin casi nada de estudios en el tema y aun así he construido edificios contratando profesionales en él área, pero estando allí, se me acerca un "amigo" empieza a preguntarme "¿y tú qué haces?" ... yo veo que es una persona buena y todo esto pero que era que estaba manejando taxi y que era muy duro...que estaba muy aburrido, mi hijo se hace amigo de su hijo y entonces compaginamos y hacemos amistad, después me pide trabajo y le

> *"Hay heridas que no desaparecen, pero sí pueden dejar de doler."*

doy trabajo medio tiempo, después me ofrece plata, "es que mi esposa maneja natilleras" y me prestan dinero, me lo prestaron más barato de lo que nosotros como empresa estábamos pagando entonces lo vimos como una buena oportunidad, durante tres años, casi tres años les pagamos puntualmente sus intereses, le dábamos sus abonos, y nosotros construyendo.

De un momento a otro, uno de nuestros gerentes comete el error de no transferir unos bienes que están en peligro y estos bienes al no ser transferidos, por culpa de él fueron embargados y nos embargan los tres bienes que estábamos construyendo, los tres edificios que estábamos terminando y entramos en crisis económica, cuando entra la crisis económica estos amigos ya nos habían presentado a otros para prestarnos dinero, pues resulta que…

"Hay heridas que no desaparecen, pero sí pueden dejar de doler."

al cabo del tiempo, todos estos "amigos míos" se volvieron mis peores enemigos.

¡Error también!, los que hemos sido abusados sexualmente tratamos de ser como abiertos y ser un apoyo total para todo aquel que lo necesita, debeos ser más precavidos

A veces empezamos a ofrecer más de lo que debemos ofrecer a las personas con el hecho de que, sentirlos que son nuestros amigos, que contamos con ellos y ellos con nosotros, o sea, perdemos la proporción de los negocios y la amistad; empezamos a hacer cosas que en los negocios no se pueden hacer, entonces como es por ejemplo, confiar totalmente, contarle a las personas nuestra forma de trabajar, nuestra forma de hacer los negocios, entonces nos montan la competencia, entonces por ejemplo en este caso se

"Hay heridas que no desaparecen, pero sí pueden dejar de doler."

les mostro a ellos todo lo que nosotros podíamos hacer y la capacidad que tiene uno de hacer dinero, entonces cuando me vieron en crisis por estos errores, que le suceden a cualquier constructor, vieron que yo podía salir fácil de eso, creían ellos, y me empiezan a hacer la guerra y a atacar y atacar... hasta que llegaron a amenazarme de muerte y eso se convirtió en una bola de nieve, cosa que me tiene hoy desplazado, perseguido, amenazado.

Y voy a mirar, los "amigos" con los que yo contaba antes... pero lo doloroso es que como conocen mi corazón y saben que mis intenciones nunca han sido malas, entonces otro error que cometemos los que hemos sido abusados sexualmente, que se dan cuenta todas las personas que somos temerosos, que somos dubitativos, que nos falta valentía, entonces cuando se ven que pueden

"Hay heridas que no desaparecen, pero sí pueden dejar de doler."

quitarnos algo, recuperar algo de malas maneras, utilizan eso que conocen de nosotros, nuestros temores, nuestras dudas, nuestras culpas y por ahí nos atacan; y lo que no saben ellos es que eso despierta todos esos fantasmas del pasado, volviéndonos a nosotros personas al borde de la locura o el suicidio.

Así que otra enseñanza;

¡por favor! No demostremos a todo el mundo nuestros temores, nuestras dudas.

Solo a nuestra familia que son nuestro ejército cercano y los que no aprovecharan en un momento de debilidad, lo que conocen de ti, tus debilidades, tus necesidades, lo que conocen de ti, porque de resto muchos en el mundo lo utilizasen en tu contra y todo lo que conocen de ti, serán armas contra ti.

"Hay heridas que no desaparecen, pero sí pueden dejar de doler."

¿Bueno vamos a hablar de que es el abuso sexual, que es? ¿En qué consiste? ¿Como se si fui víctima de abuso o no?

Hay muchos lugares donde puedes encontrar información al respecto, después de investigar mira lo que encontré:

El abuso sexual infantil se refiere cuando son a personas menores de 14 años, es una forma de violencia sexual... esta violencia, ataca la integridad y la dignidad de los niños o niñas y adolescentes.

Esto no solo es cuando llegan y lo encierran a uno en un lugar, o va caminando por una vía y lo atrapan y lo meten a una manga, no... esto también ocurre **cuando el menor de edad es estimulado sexualmente por una persona que quiere obtener placer propio o el de otros,** son abusados, se considera abuso

"Hay heridas que no desaparecen, pero sí pueden dejar de doler."

sexual y se puede ser con contacto físico o sin contacto físico.

Según la organización mundial de la salud (OMS), el abuso de menores, el abuso infantil es la utilización de un niño, niña o adolescente en una actividad sexual, cosa que no está preparado, no tiene la edad para comprender y no tiene la capacidad de dar su consentimiento, puesto que ni si quiera entiende que es lo que le van a hacer, no se ha preparado su desarrollo físico, psicológico, emocional y cognitivo, así que se está abusando de sus capacidades.

Para que esta acción sea considerada como abuso sexual infantil, se deben cumplir las siguientes características:

Primero: el abusador, o llamémoslo depredador, debe ser tres o más años mayor que el abusado.

"Hay heridas que no desaparecen, pero sí pueden dejar de doler."

segundo: debe haber un desequilibrio de poder entre el abusado y el abusador.

Tercero: que se utilice cualquier tipo de coacción por parte del abusador o del abusado una objeción, se está obligando psicológicamente a aceptar algo que no comprende; que el abusado este en una situación indefensa, que sea inferior al poder de defensa y conocimientos del que lo estaba atacando; y que el niño o niña o adolescente, sea menor de catorce años.

En cualquiera de estos casos, estamos hablando de abuso sexual infantil, lo que destruye vidas, lo que arrebata de las manos de esa criatura el control de su vida y por ende su felicidad y estabilidad emocional, lo que lo lleva a una condena de vivir toda la vida con temores, lo que lo encadena a tener una vida con una lucha contra los temores constantes.

"Hay heridas que no desaparecen, pero sí pueden dejar de doler."

Le destruyen la sensación y sentido de seguridad

Por ejemplo, en Colombia cualquier persona menor de catorce años se considera víctima de abuso sexual, aunque haya tenido relaciones sexuales por decisión "supuestamente" propia, pero fue abusado su conocimiento, su capacidad física, emocional y psicológica. Por ejemplo, en Colombia, se da como legalmente los catorce años para poder tener consentimiento de una acción sexual bajo personas que no tengan su misma edad, que sean mayores por tres años o más, ya ahí seria abuso.

Según el ICBF, un adolescente entre los catorce y dieciocho años, también puede ser considerado abusador y responder ante la ley, si se involucra con una menor de 14 años, que el abusador también puede ser un joven sobre una persona tres años menor

"Hay heridas que no desaparecen, pero sí pueden dejar de doler."

que él, o sea de los dieciocho años para abajo y abusan de una de catorce años, es decir que el abuso también puede ser de parte de personas adolescentes contra niños.

En el caso del abuso sexual, se habla de que el agresor tiene una mayor madurez sexual, esta diferencia psicosexual se entiende como un desbalance de poder, pues el abusado está en desventaja por su capacidad para entender o tomar una decisión con respecto al ejercicio de su propia sexualidad, no está psicológicamente preparado para ello, el abusador adulto o adolescente tiene mayores recursos físicos, intelectuales y psicosexual y por eso puede controlar, someter y ejercer poder contra el abusado lo que lo lleva a ser el depredador y al abusado, la víctima.

"Hay heridas que no desaparecen, pero sí pueden dejar de doler."

Hay ejemplos de lo que es el abuso infantil sin contacto, para que los padres lo tengan presente.

El abuso infantil sin contacto, puede ser que sea obligado el menor a mostrar sus propios genitales o que el depredador /abusador le muestre un cuerpo desnudo o a alguien masturbándose o material pornográfico, o mostrarle otro niño/adolescente siendo abusado sexualmente y actos sexuales de otras personas, ahí eso es legalmente abuso infantil sin contacto, ahí ya está perturbando al mente, el conocimiento, la seguridad, la estabilidad, psicosexual, emocional, de un niño que no está preparado para ello.

Ya en el abuso sexual con contacto como es degradable, desagradable decirlo, pero hay que mencionarlo, son cosas como tocarlos; un mayor de edad o un adolescente contra un

"Hay heridas que no desaparecen, pero sí pueden dejar de doler."

menor de catorce años, tocarlos, acariciarlos con o sin ropa, ya abuso sexual con contacto o besarlos en forma similar a como ocurre con una relación sexual, ahí es abuso aunque no haya penetración, ya o más aberrante todavía, es la penetración, sea oral, vaginal o anal o con objetos u órganos sexuales del abusador; también tocar sus órganos sexuales u obligarlos a que toquen o usen los órganos sexuales del abusador, esto ya es abuso sexual con contacto.

Así que muchas personas dicen ¡no!... pero es que no hubo penetración entonces no hubo abuso, ya hemos visto con lo que está escrito, con lo que venimos hablando que el abuso viene hasta sin contacto y antes de entrar en asuntos visuales, también estamos hablando de asuntos emocionales y psicológicos con lo que se le está diciendo, el solo hablar de temas sexuales sin mostrar

"Hay heridas que no desaparecen, pero sí pueden dejar de doler."

imágenes, videos, a un menor de trece años psicosexualmente está siendo afectado.

Con estas acciones se relaciona esto se menciona con el fin de capacitar a los padres de que sepan que sus hijos pueden ser abusados sexualmente, aunque no sean tocados.

De allí ya vienen otros delitos, como lo es la explotación sexual de niños, niñas y adolescentes, cuando estas acciones se realizan con el fin de obtener dinero, o sea que ya entrando en un problema nacional, familiar, pero principalmente la victima está siendo afectado toda su vida como me afectaron a mí, y por eso escribo lo que escribo, para que todos ustedes, padres y amigos sepan cómo es el tema del abuso y sepan si sus hijos pueden ser víctimas, de una u otra manera ayudarlos pero antes que todo como prevenir y como combatir a estos depredadores.

"Hay heridas que no desaparecen, pero sí pueden dejar de doler."

Vamos a hablar un poco más de lo que es el abuso sexual, pero a medida que se va desarrollando la escritura del libro vamos a ir hablando de cómo prevenir, combatir, atacar, estos depredadores.

Este es un problema mundial, esto es un problema que afecta no solo a un país o a una región, esto es internacional, esto es mundial.

Por ejemplo ,se reportan más de 80.000 casos al año de abuso sexual a los niños y niñas, pero el número de casos que no se reportan es aún mayor, ya que como en mi caso me sucedió, los niños tienen miedo de decirle a alguien lo que les paso y el proceso legal para validar ese episodio es difícil, tan solo es que sus propios familiares no lo creen y esto es lo que el depredador mete en la cabeza del niño, "nadie le va a creer"… eso general inseguridad.

"Hay heridas que no desaparecen, pero sí pueden dejar de doler."

El problema debe ser identificado ¡padres y familiares! Debe de ponerse fin al abuso y el niño debe recibir ayuda profesional.

¡Padres! cuando su hijo les comenté que ha pasado por un episodio como estos o ustedes lo detectan deben de inmediatamente, de manera urgente, buscar ayuda profesional, porque el daño emocional, psicológico es a largo plazo, se los digo yo con 43 años de vida, esto es para toda la vida.

Debido a que el abuso sexual puede ser devastador para el niño, el dolor queda impregnado en su mente y en su corazón para toda la vida; así que entre más rápido sea posible ayuda profesional ya que es urgente.

El abuso sexual a los niños puede ocurrir en la familia, a manos de un padre, madre, en el caso mío fue un tío, también puede ser un padrastro,

"Hay heridas que no desaparecen, pero sí pueden dejar de doler."

hermano u otro pariente, o fuera de la casa, por ejemplo por un amigo, un vecino o la persona que lo cuida o un maestro, o un desconocido, cuando el abuso sexual ha ocurrido el niño puede desarrollar, como en el caso que a mí me paso, una variedad de sentimientos negativos de culpa, de condena, de desmotivación en su mente.

Hay comportamientos angustiantes, pero esto no solo es en la niñez, les recuerdo que después de clase y en la escuela, en las clases era callado y pensaba en todo menos en lo que me estaban enseñando, pero después de esto, en los descansos mientras los demás jugaban, yo los miraba a lo lejos y no quería, me daba susto porque todo en mi vida adquirió un color oscuro, ya no veía la vida a colores.

Tanto es que aun en día hoy es difícil la vida a colores, la veo a blanco y

"Hay heridas que no desaparecen, pero sí pueden dejar de doler."

negro, muchas veces; pero cuando hago cosas como las que estoy escribiendo, veo la vida de colores al ver cómo puedo ayudar a ustedes padres y a ustedes los que han sido abusados a cómo salir de esta crisis emocional y empiezo a ver la vida de colores cuando puedo ayudar a los demás a prevenir y a salvarse de estas cosas.

Todo esto sucede en la cabeza de uno cuando uno cuando este niño porque no está preparado psicológicamente para hacer frente al estímulo sexual repetitivo, por ejemplo, en los niños de dos o tres años que no pueden saber qué la actividad sexual es... que actividad sexual es correcta o incorrecta, desarrolla problemas como resultados de eso, como inhabilidad para hacerle frente a la sobre estimulación.

"Hay heridas que no desaparecen, pero sí pueden dejar de doler."

Por ejemplo, el niño de cinco años o más que conoce y aprecia al que lo abusa, se siente atrapado entre el afecto y la lealtad que siente hacia esa persona y la sensación de que las actividades sexuales son terriblemente malas.

Si el niño trata de romper con las relaciones sexuales, el que lo abusa puede amenazarlo; a mí, por ejemplo, me decía que iba a matar a mi padre, a mi madre y a mi abuelo y que no me iban a creer, es una amenaza mediante la violencia o negándole también su afecto empieza a manipular emocionalmente.

Cuando los abusos sexuales ocurren en la familia, el niño puede tenerle miedo a la ira, los celos o a la vergüenza de otros miembros de la familia, o quizá puede temer que la familia se desintegre si se descubre que le ha estado haciendo, en este caso a mí me daba pavor contar lo

"Hay heridas que no desaparecen, pero sí pueden dejar de doler."

que me habían hecho con temor de que la familia sufriera o se desintegrara o hubieran muertos, eso me lo metió en la cabeza el depredador que abuso de mí.

El niño que es víctima de abuso sexual prolongado, como fue en mi caso, que fueron más de siete años, generalmente desarrollamos perdida de seguridad, de autoestima y tenemos la sensación de que uno no vale nada y de que uno adquiere una perspectiva anormal de la vida, de las relaciones, de los sentimientos, del amor, y también afecta la perspectiva normal de la sexualidad, empieza uno a tenerle temor a eso.

De estas situaciones, por ejemplo, en mi caso, me demore mucho en tener una vida normal, sexual, tenía temor, por eso muchos en la niñez me decían que yo era raro que porque no me gustaban las mujeres y era falso, si me gustaban, pero tenía temor; así

"Hay heridas que no desaparecen, pero sí pueden dejar de doler."

que se adquiere una perspectiva anormal del sexo, entre hombre y mujer.

Él abusado, puede volverse, como en mi caso, retraído, puede perder confianza en todos los adultos y puede llegar a considerar que en la vida es mejor morir, o sea va tendiendo a ser suicida, eso también a mí me ha pasado por la cabeza, pero siempre me he apegado a cosas de verdadero valor, por ejemplo, el amor a la familia y a Dios, ello me retoma el sentido de vida y el valor de esta, también el reto de cambiar la vida de lo triste a lo feliz, cada que estoy decaído, lo tomo como un reto para hacer cosas que mejoren mi vida y la de los demás, ese me recupera el sentido de vida feliz.

Algunos niños que han sido abusados sexualmente tienen dificultad para establecer relaciones con otras

"Hay heridas que no desaparecen, pero sí pueden dejar de doler."

personas a menos que estas relaciones tengan una base sexual.

Algunos niños que han sido abusados sexualmente se convierten en adultos que abusan de otros niños y se dan a la prostitución o pueden tener problemas serios cuando llegan a ser adultos.

En mi caso he detestado el abuso y jamás ha pasado esto por mi cabeza, antes lo que escribo aquí es con el propósito de que juntos aprendamos a detectar estos depredadores y los aniquilemos legalmente... pero si he adquirido muchos problemas serios cuando llegamos a ser adultos con la confianza a las personas.

He venido comprando el amor y la confianza de los amigos, los cuales siempre han pagado mal, la traición me persigue porque siempre busco comprar el amor de las personas pagándoles más cuando soy jefe de la

"Hay heridas que no desaparecen, pero sí pueden dejar de doler."

empresa... prometiéndoles y entregándoles todo lo que tengo para que las personas sean felices y después cuando no tengo nada lo traicionan a uno.

Entonces el abuso sexual trae todas estas consecuencias en la inseguridad y temores que se clavan en la mente y corazón.

Muchas veces en el niño no hay señales físicas de abuso sexual, el depredador se cuida mucho de que lo atrapen, entonces no deja señales físicas.

Algunas señales pueden ser reconocidas mediante un examen físico por un médico, pero para que tú puedas ver que físicamente el niño está siendo abusado, el depredador busca hacer que eso paulatinamente de manera que no sea percibido el abuso.

"Hay heridas que no desaparecen, pero sí pueden dejar de doler."

Los niños abusados se les empieza a desarrollar estas siguientes características para que lo tengamos presente:

por ejemplo, si hay agresividad poco común; o también decir que tienen el cuerpo sucio o dañado; o tienen miedo de que haya algo malo en sus genitales o en sus partes íntimas; no querer ir a reuniones de personas o escuela; problemas al dormir, o pesadillas o gritos en la noche; interés poco usual en o el evitar todo lo que sea de naturaleza sexual, no querer hablar de ese tema; también un comportamiento suicida, en ciertas ocasiones; evidencia de abusos o molestias sexuales intuitivos o en fantasías, secretismo, todo lo guarda, en silencio; tiende a tirar a la delincuencia, problemas de conducta; comportamiento seductor y temores; nervios, lagrimas; esconderse debajo

"Hay heridas que no desaparecen, pero sí pueden dejar de doler."

de una mesa, o una cama o en toda la esquina de un baño.

Así que a este problema le tenemos que prestar atención todos juntos, en el país, en nuestras familias, en el mundo, que de allí es donde salen suicidas, delincuentes, personas contra la sociedad y antes que todo es el sufrimiento individual, o sea todos los que hemos sido abusados sexualmente vivimos con un sufrimiento constante, uno abre los ojos y es otro día más, pero... ¿quiero vivir? Entonces ¿cómo vamos a cumplir eso?

Vamos a ver... cómo ser feliz en medio de esta situación, lo vamos a ver, para eso he escrito este libro.

Los que abusan sexualmente de los niños, pueden hacer que el niño se muestre muy temeroso de revelar sus acciones y del agresor y solo cuando se ha hecho un esfuerzo para

"Hay heridas que no desaparecen, pero sí pueden dejar de doler."

ayudarlo a sentirse seguro, puede el niño hablar libremente.

Por eso padres cuando sus hijos den síntomas de que necesitan seguridad préstenle atención.

Por ejemplo, en mi caso, ¡cada que era castigado yo le decía a mi padre… "¡ no me pegues así que tú no sabes que me paso!" ahí estaba buscando un punto de seguridad.

Si su niño necesitaba seguridad, ahí está demostrando eso, así que hay que prestar atención padres a lo que dice su niño; si un niño o niña dice que ha sido molestado sexualmente, los padres inmediatamente deben tratar de mantenerse calmados y hacerle sentir que no fue culpa de él; los padres deben de llevar al niño para que le hagan examen médico y psicológico y pueden impedir o disminuir la oportunidad del abuso sexual y más que todo si ya paso algo,

"Hay heridas que no desaparecen, pero sí pueden dejar de doler."

van a evitar que su hijo entre en una vida llena de desorden psicológico y emocional.

Los padres pueden impedir o disminuir la oportunidad del abuso sexual común haciendo varias cosas:

por ejemplo, diciéndole a los niños;

"si alguien trata de tocarte el cuerpo, o te va a hablar cosas sexuales, nos lo cuentas y dile que no a esa persona y ven a contármelo inmediatamente";

Enseñándole al niño que respetar a los mayores no quiere decir que obedecer ciegamente todo lo que pidan o digan y las figuras de autoridad, por ejemplo, no le digas siempre, " tienes que hacer caso a la maestra, al profesor", no, tienes que mencionarle que una cosa es la obediencia y otras los límites para protegerse, entonces debes enseñarle los limites; he también,

"Hay heridas que no desaparecen, pero sí pueden dejar de doler."

tercero, estimulando los programas profesionales del sistema escolar local para la prevención, deben de estar he, disminuyendo las oportunidades del abuso sexual, animando a las personas a hacer programas de protección en el hogar y en la escuela.

Los niños que han sufrido abuso sexual y sus familias necesitan tratamiento profesional, evaluación, ayuda y es de inmediato, no es para el futuro.

Los psicólogos de niños y adolescentes pueden ayudar mucho a la familia cuando han sido abusados y así recuperar su autoestima, pueden ayudarlos a sobrellevar y a salvarse de situaciones más difíciles de ahí en adelante, como son las psicológicas y empiezan un proceso de recuperación del trauma.

"Hay heridas que no desaparecen, pero sí pueden dejar de doler."

Estos tratamientos pueden reducir el riesgo de que el niño desarrolle serios problemas cuando llegue a ser adulto.

Vamos a mirar, antes de seguir hablando del tema, quiero contarles cómo actúan estos depredadores, estos abusadores.

El abusador no es tonto, como para apresar a la víctima, prefiere más bien seducirlas, engañarlas poco a poco.

El empieza primero eligiendo un blanco, una familia o está dentro de la familia y empieza a analizar cuál es más vulnerable, callado, tímido, o cual rechazan más, la familia por una u otra condición, por lo general un niño que parece vulnerable y confiado y por lo tanto fácil de manipular, este es el que va el abusador, depredador, detrás de él, entonces lo hace como un objetivo a lograr; también intenta ganarse la confianza de sus padres, cuando ya él detecto el objetivo a

"Hay heridas que no desaparecen, pero sí pueden dejar de doler."

destruir, porque eso es lo que hace el abuso, destruir la vida de los niños, empieza a ganarse la confianza de los padres, empieza a preocuparse por las necesidades económicas, laborales de los padres, empieza a darles regalos, empieza a… es mejor amigo de ellos, se vuelve este depredador en un experto en fingir amor e interés genuino por la familia primero que todo y por ende por el niño.

Con el tiempo pasa, pasa un tiempo el ganándose a su familia y este depredador empieza a preparar al menor para el abuso, ¿Cómo?

Va aumentando poco a poco el contacto físico, va aumentando las oportunidades para estar solo con el niño, "¡ay! Ven lo llevo a comer helado… ven yo lo llevo a montar en bicicleta… ven yo lo llevo allí", en mi caso, por ejemplo, les decía a mis

> *"Hay heridas que no desaparecen, pero sí pueden dejar de doler."*

padres que me dejara ir con él a conciertos, porque era cantante él.

Y así poco a poco va a aumentando la confianza de los padres para que le dejen el niño en sus manos; va aumentando de manera gradual contacto físico y aumentando las muestras de afecto, jugando a la lucha, a veces, haciéndose cosquillas, cosas que parecen totalmente inocentes.

En algunas ocasiones y de forma continua hace obsequios, a veces económicos y después costosos, pero primero le da regalos a la familia y después a él costosos y empieza después, a apartarlo de sus hermanos y de su familia, incluso, lo van apartando de sus padres y amigos.

Entonces va progresando hasta que le pide que esconda a sus padres un secreto o un objeto, entonces lo va

"Hay heridas que no desaparecen, pero sí pueden dejar de doler."

preparando para ocultar y guardar secretos entre ellos dos; a veces es un regalo que le ha hecho diciéndole que se lo trajo pero para que no lo vean sus demás hermanitos y no les de envidia entonces que no se lo muestre a nadie, así va preparando su mente para guardar el engaño; con estas prácticas también está preparando la mente, el corazón para la seducción, ya cuando se ha ganado esta confianza de sus padres y de el niño, está listo para destruir la vida de esta familia.

De nuevo actúa con sutileza en lugar de emplear la fuerza o la violencia... nada, siempre lo hace con juegos, sonrisas y supuestamente cariño. Los daños más grandes en la vida de las personas, se hacen a veces con amor, por amor, supuesto amor, falso amor, se hacen los perores daños en la vida de las personas.

"Hay heridas que no desaparecen, pero sí pueden dejar de doler."

Este abusador quizá se aprovecha de la curiosidad que siente el niño por la sexualidad y se ofrece a ser maestro o guía, o a jugar a algo especial que tenga que ver con cosas sexuales, pero ya lo está preparando y ya lo ha preparado para guardar su gran secreto; también es posible que le muestre imágenes pornográficas, para que vaya adaptando este comportamiento como algo normal, si consigue el abusador del menor, si consigue ya hacer caricias o más allá, ya está abusando, entonces hace de que no le cuente a nadie, valiéndose de que ... ya después cuando hay peligro de que él hable ya le va diciendo amenazas, chantaje o sentimiento de incredibilidad, que nadie le va a creer y lo van a culpar, entonces lo llenan de sentimientos de temores y culpa, una lucha constante como es en mi caso que tengo que luchar constantemente con los temores.

"Hay heridas que no desaparecen, pero sí pueden dejar de doler."

Alguien una vez en Miami me decía que... se burló de mí que, porque yo era dubitativo, eh... porque habíamos decidido hacer un negocio, después yo decía que no... después decía si pero hagámoslo de tal manera... entonces, ¿cómo íbamos a hacer un negocio, siendo que yo era una persona dubitativa? Y sí, es verdad, los que hemos sido abusados sexualmente tendemos a ser dubitativos, aunque las cosas sean seguras.

Este chantaje y sentimiento de culpa, es muy manejado por los depredadores, por ejemplo, y eso me solía decir este depredador a mí, "que es culpa tuya si la familia se destruye, es culpa tuya si se muere tu mama, y... es culpa tuya que yo te haya hecho esto, para que me mostraste amor..." entonces empiezan a meterle en la cabeza a uno que uno fue el culpable, y después quizá

"Hay heridas que no desaparecen, pero sí pueden dejar de doler."

pueda añadir, el depredador al niño "si le cuentas a tus padres, van a venir los policías y me van a meter a la cárcel para siempre y me voy a morir allá", entonces ya entran también en más culpa contra uno... "este es nuestro secreto, no le cuentes a nadie que nadie te va a creer y yo te voy a seguir dando regalos..." dicen cosas como esas, entonces el niño ya esta presa del temor y de la duda y tiene bajo si la responsabilidad de la vida de sus padres según su mente manipulada por el depredador.

Las tácticas astutas y maliciosas de estos individuos no tienen límite y no saben el daño tan grande que hacen.

SOLTAR

Para dejar atrás las consecuencias, el trauma emocional y seguir una vida feliz, primero debemos analizar LA **REALIDAD del abuso**, y que La

"Hay heridas que no desaparecen, pero sí pueden dejar de doler."

familia tiene en sus manos la labor ppal.

Para la recuperación emocional y física del niño que ha sido abusado sexualmente, pero la familia no se debe concentrar en lo que le paso físicamente al niño sus lesiones físicas, esto es importante , pero es igual de importante concentrarse también a la par de los asuntos físico, de inmediato a coordinar ayuda y atención sicológicamente de inmediato, cuando un niño sufre algún tipo de abuso con contacto o sin contacto, las consecuencias garantizadas son dolorosas tanto a corto como a largo plazo, es lamentable, lo que no saben estos malditos depredadores sexuales es que están arrebatando de las manos de un ser humano el control de su vida de su futuro emocional, la están destruyendo, están robando la

"Hay heridas que no desaparecen, pero sí pueden dejar de doler."

facilidad, la alegría el control de sus emociones aun cuando sea adulto.

Cuando el niño llega a ser adulto sufrirá momentos de un momento a otro donde olores, sonidos, oscuridad, soledad... le recordaran momentos específicos, exactos, como si se devolviera en el tiempo y vivirá de nuevo el abuso, recordara de manera dolorosa lo que vivo y lo volverá una persona con poca tolerancia a la decepción , al engaño, que gran dolor el que causan los abusadores, eso siendo así.

 No se sufre una vez, si tu no le prestas atención, puedes sufrir toda la vida, pero hay maneras de ser felices, de encontrar propósito, motivo en la vida, para triunfar, para vivir, para gozar.

Pero eso Tiene Una manera de dejarlo atrás , y lo primero es vivir el duelo, el dolor, reconocerlo , y luego ,

"Hay heridas que no desaparecen, pero sí pueden dejar de doler."

escribir lo que te paso , en una carta a ti mismo, diciéndote que no fue tu culpa, que fuiste la víctima, que tu no elegiste esto, que no tienes la culpa, que eso ya no está pasando, que eso no volverá a pasar, que esa persona la ley de la compensación recibirá , recogerá los frutos de lo que sembró y tu eso lo sueltas, luego esa carta, la quemas y mientras ves las llamas de la tu historia allí escrita , el dolor plasmado en lo escrito, SULETAS , dejar ir ese dolor.

Lo que tú estás leyendo en este momento, es precisamente es velando con que las personitas que han sufrido este abuso tengamos una manera de llevar la vida de una manera feliz a pesar de que hayamos sufrido el abuso.

Pero eso no depende de él, depende de su familia principalmente, Así que la familia es el recurso número uno para que este niño y aun adulto para

"Hay heridas que no desaparecen, pero sí pueden dejar de doler."

recuperarse fisca y emocionalmente y la familia para ayudarle a solar y dejar en el pasado este acontecimiento debe conocer las consecuencias del a ver vivido esto, para que su juicio ante sus conductas sea justo y amoroso, deben conocer que las consecuencias son Temores generalizados en todos los aspectos de la vida y se vuelven una lucha constante superar estos miedos, pueden también adquirir una personalidad agresiva, culpa y otra que desastrosa es vergüenza, la ansiedad, la tristeza, el quererse poco a sí mismo, el rechazo a sí mismo, a no quererse ver en el espejo, la separación y asilamiento son cosas que sufren los niños y niñas aun en su adultez como consecuencias al abuso como lo fui yo.

Una de las cosas que también se sufre es consecuencias en el ámbito sexual, el tener un conocimiento

"Hay heridas que no desaparecen, pero sí pueden dejar de doler."

sexual precoz a una edad que uno siquiera sabe eso para que es, porque, y cuál es el objetivo del sexo en la vida, pasa de verlo a placer y se vuelve en algo que temer, eso viene a ser impropio a la edad de un niño, la masturbación excesiva con culpas incluidas, el exhibicionismo, los problemas de identidad, quién soy? ¿De dónde soy? ¿Soy bueno? ¿Soy malo? Te vuelves dubitativo en la vida, ya que el abusador te roba tu identidad.

Quien ha sido abusado, tiende a ser tener problemas sociales, deficiencia en el estudio, habilidades sociales, para interactuar, puede a veces adquirir unas conductas antisociales, de rebeldía.

Esas son las consecuencias a corto y a largo plazo, puede adquirir unas patologías definidas inadecuadas, por ejemplo, las conductuales, empieza uno a ser agresivo consigo mismo, en

"Hay heridas que no desaparecen, pero sí pueden dejar de doler."

cierta ocasión Recuerdo cuando la primer novia después de abuso, medicina que no me quería que me fuera yo empezaba a pegarme golpes en la cara, o sea una no aceptación, cero aceptación al rechazo, no aceptación a la frustración al desengaño, frustración, no sabía controlar el niño en mi interior abusado lleno de temor a que le hagan daño, a veces también cuando alguien ha sido abusado sexualmente tiende a dirigirse en su vida, hacia al abuso del alcohol de las drogas y tiende a siempre a escoger mal sus amistades y casi siempre termina en las manos de personas que solo lo llevan a la carencia en todos los sentidos de la vida.

Y adquiere un trastorno de identidad, pero también hay unos problemas y consecuencias que también existen durante la vida que son físicas, por ejemplo, dolores crónicos generales,

"Hay heridas que no desaparecen, pero sí pueden dejar de doler."

hipocondríacos, que abarca dolencias imaginarias, una enfermedad psicosomática es real.

Lo que sucede es que está provocada por una causa emocional en lugar de física. El organismo "habla" El niño suele manifestar su estrés a través del organismo. Ciertas reacciones psicosomáticas —como dolencias estomacales, dolores de cabeza, fatiga, trastornos del sueño y problemas relacionados con la evacuación— pueden ser señales de que algo va mal.* Y otros trastornos psicosomáticos. Los dolores de cabeza, de estómago, de espalda y otros trastornos similares pueden apuntar a una depresión subyacente si no se descubre ninguna causa física.

Unos trastornos del sueño, de no dormir con las luces apagadas, pesadillas constantes, problemas gastro intestinales, desorden

> *"Hay heridas que no desaparecen, pero sí pueden dejar de doler."*

alimenticios, cualquier temor hay mismo le genere síntomas estomacales, entonces hasta cosas fiscas hace como consecuencias su mente al haber sido abusado sexualmente, ahora sin hablar las consecuencias emocionales , la ansiedad , es algo que te llena, a veces no sabes si es ansiedad o temor, dificulta para expresar lo que sientes libremente, la depresión y la tristeza es constante, entonces, malditos son los abusadores sexuales, son unas bestias, unos depredadores, así que a todos nos queda la tarea de proteger a los niños, a estar alertas de las conductas y confianzas de personas adultas con los niños, casi siempre se camuflan en el amor a la familia a los niños. Ojo Atención Todos, porque estas bestias no saben lo que están haciendo.

Están siendo como un cáncer mortal en el mundo entero. La mejor manera

"Hay heridas que no desaparecen, pero sí pueden dejar de doler."

de erradicar a estos depredadores, es la vigilancia y el cuidado de los niños, cree en la gente, mas no en el demonio que tiene por dentro, es una realidad, hasta padres, líderes religiosos, amigos de la familia, tíos, abuelos, …. Personas que por su título natural **SE CONFIA EN ELLOS**, y se camuflan en su máscara de oveja y son lobos voraces, así que debemos analizar las aptitudes, las formas de ser, la esencia de cada persona que vamos a dejar que se acerquen a los niños y niñas, no es pánico es la cruda verdad , debes quietarte la venda de los ojos, no asustarte y solo cuidar, vigilar, sin ir al estreno, pero es preferible pecar por exceso que por descuido dejar que más vidas sean destruidas, es tu elección.

Debería de existir la cadena perpetua a los abusadores sexuales, debería existir una ley que se les deje encarcelados de por vida, para que

"Hay heridas que no desaparecen, pero sí pueden dejar de doler."

sufran las consecuencias día y noche de haber destruido vidas enteras, es que no solo destruyen la vida del niño, se destruye la vida del familia, eso lo veo en la tristeza que reflejan el rostro de mis padres cada que los veo al mirare, deja un montón de culpas en otros que solo son del abusador de nadie más, las consecuencias que dejan en un niño y su familia son perpetuas, entonces ¿porque no que ellos también perpetuamente vivan lo que vivimos los que fuimos abusados? Está bien el perdón es lo mejor, debemos perdonar a nuestro prójimo, pero hay perdones que solo se les debe dejar a Dios, como es que a tu bebe, lo destruyan de por vida, eso solo Dios lo perdona y la vida se encarara de ellos, el soltar no es aceptar al depredador, el perdonar, no es olvidar, el perdonar es dejar atrás y que esa persona viva su condena en vida, ya que Dios a esos no les da su bendición y viven en su

"Hay heridas que no desaparecen, pero sí pueden dejar de doler."

cárcel cada segundo de su vida, su conciencia condenándolos de lo que hicieron.

Si el abuso sexual es un daño permanente, pero vamos a alizar juntos y les voy a compartir de cómo yo he podido ser feliz en medio de esta situación, como te puedes volver una guerra de la vida, un triunfador de la vida.

Pero hablemos de otros problemas sexuales que trae el abuso, con el propósito de conocer todos los síntomas, causas, conductas, con el único propósito de que el mundo entienda el porqué de los actos y síntomas de algunos seres queridos, eso nos ayudara a que seamos todos más amorosos y bondadosos.

A veces hay fobias sexuales , disfunciones sexuales , a veces pena a mostrar placer al tener relación sexual con tu esposa o esposo, pena

"Hay heridas que no desaparecen, pero sí pueden dejar de doler."

a mostrar satisfacción a tener la relación, aunque lo estés disfrutando, o sea, una falta de satisfacción y capacidad para demostrarlo, hasta para llegar al orgasmo, unas alteraciones de motivación sexual, y cuando la persona ha sido abusada fácilmente puede llegar a tener deseos de entregar su cuerpo a la prostitución, o dificulta para establecer relaciones estables con su pareja, unas dificultades sociales con relaciones interpersonales, a veces a no querer ser parte de un grupo o socializar, a también en algunos casos hay dificultades de estreches emocional hasta con sus propios hijos, entonces, no quiero con este libro generar temores o conflictos, pero son todos conocemos el por qué e del comportamiento que no entendemos de personas que amamos, eso nos ayudara a ser más felices ellos y nosotros, a ser una herramienta para salir del hueco de

"Hay heridas que no desaparecen, pero sí pueden dejar de doler."

los temores y ver la luz de cada día, ver la vida a colores, salir de los juicios, dejar de atacar a una persona por que nos comprendemos lo que hace, y ser parte de la solución no del problema.

Sé que cuando este libro salga al público muchos abusadores lo leerán, ojalá, lo hagan para que vean el daño irreparable que hacen, no hay persona más despreciable que un abusador sexual.

El abuso sexual es UNA PESADILLA Para las familias, en especial para las madres, con tristeza, esta pesadilla se ha vuelto una realidad en el mundo para miles de familias, lo que menos quisieran que pasara en las vidas a sus hijos ya ha pasado. En una ocasión una niña de 4 años se quejaba de dolores abdominales la madre entonces la llevo al médico y des pues de examinarla, el medico mira a la niña y determina

"Hay heridas que no desaparecen, pero sí pueden dejar de doler."

directamente con tono grave a la madre que su hija había sido violada, inmediatamente la familia informo el asunto a las autoridades las cuales descubrieron inmediatamente que era real y que esto lo había hecho un guardia de un jardín infantil ubicado en el Bronx New York EE.UU, a veces cuando llevamos a nuestros hijos a que sean protegidos por organismos, por escuelas, allí es donde pasan estas cosas. Por ejemplo cabe anotar que en búsqueda de encontrar mi protección cuando me libero de este abuso sexual contándole a mis padres, enfrentando a este delincuente ya voy al colegio y en el colegio me topo con un profesor que me quería hacerme lo mismo, entonces le digo a mi papa que no quería seguir estudiando y me meto a la cruz roja y en la cruz roja empiezo a estudiar la carrera para socorrista y me graduó como brigadier de la cruz roja colombiana, un instructor

"Hay heridas que no desaparecen, pero sí pueden dejar de doler."

después en la graduación me dio licor, me quito la ropa y me iba a violar cuando ya todos se habían ido de la graduación, yo logre escapar. Pero se imaginan ¡después de yo vivir eso de niño toparme con eso en los lugares donde yo llego en búsqueda de protección! eso me lleno más de temores y de buscar quien y en donde me iban a dar refugio, puesto que donde buscaba el refugio más dolor encontraba, así que padres presten atención donde van a llevar a sus hijos a que les den ayuda, donde los van a llevar a que estudien, porque los gobiernos y autoridades quisieran proteger, pero a veces como lo cuento en mi propio caso, imagínense en la cruz roja es donde suceden las cosas. Así que todos tenemos que ser vigilantes los unos con los otros y protegernos de estos depredadores y acabar con ellos, por ejemplo, en esa guardería las investigaciones dieron como resultado cosas espantosas,

"Hay heridas que no desaparecen, pero sí pueden dejar de doler."

primero un niño esto lo informa la watchtower bible and tract society of pennsylvania, en el relato que mencionan ellos dicen que en este jardín infantil primero un niño y luego otro más también revelaron que habían sido víctimas de actos de abuso sexual. Finalmente, más de 30 niños afirmaron haber sido víctimas de abusos sexuales en la guardería por el mismo individuo uno de ellos tenía gonorrea entonces salió a la luz pública informes de que se había abusado de niños en esa guardería por que se llevaron a cabo investigaciones en 7 guarderías más tan solo en la ciudad de New York. A medida que cada caso salía a la luz pública iban llegando informes procedentes de otras partes de país el escándalo se esparció, los padres se preguntaban unos a otro ¿Qué, está ocurriendo? Eran incidentes aislados o era una situación muy difundida que se estaba notando solo ahora, este

"Hay heridas que no desaparecen, pero sí pueden dejar de doler."

problema es muy difundido. La situación de abuso sexual es muy generalizada en todo el mundo, en 1983 el director de la comisión especial de asesores sobre el abuso sexual de la ciudad de New York publica la revista la atalaya sobre el tema abuso sexual de menores, informo que había habido un aumento dramático en la cantidad de niños víctimas del ultraje sexual incesto y otras formas de abuso sexual .El doctor David filkelford de programa de investigación sobre la violencia familiar en la universidad de New York dice que condujo un estudio en gran escala sobre este asunto hayo que niños de 9 x 100 de los de los padres entrevistados habían sido víctimas de actos de abuso sexual 9 de cada 100 niños 15% las mujeres y 6 % de los hombres entrevistados habían sido víctimas de abuso sexual cuando eran niños. Esto pasa en todo el mundo y eso que es difícil adquirir

"Hay heridas que no desaparecen, pero sí pueden dejar de doler."

datos exactos puesto que a los niños abusados se nos entrena desde niños a no contar ya que nadie nos va a creer así que en todo esto mientras usted está leyendo este libro están siendo violados por cada 100 niños 9. ¿cree que su hijo está a salvo? ¿cree que a su hija no le pasara esto? Detengamos este cáncer maligno que está acabando con los futuros adultos, profesionales, ¿quién te creerá? Dicen los depredadores a los niños, muchos niños igual que yo que fueron abusados en la niñez concordamos en algo, el abusador dice que nadie te va a creer te van a decir estás loco.

Una joven por ejemplo que fue abusada por un señor de mucha más edad, contaba que el hacer caricias indecentes que fue a lo que se limitó el abuso, este viejito que le hacía esto a la niña disimulaba estas con coqueteo y cosquillas, pero esto, aun

"Hay heridas que no desaparecen, pero sí pueden dejar de doler."

así, aunque no había penetración ni nada dejo a esta joven con muchísimos sentimientos de culpa. También hay quienes abusan sexualmente de niños pero que lo hacen de manera que ellos ni siquiera se den cuenta dejan cerca de donde están los niños imágenes sexuales y empiezan a charlar... y ¿por qué estas mirando eso? Ahh no no no... donde yo te cuente eso te regaña tu mama y no te dejan volver hablar conmigo, y así de esa manera que ese niño o niña empiecen a preguntar por lo que vieron, ¿qué es? hasta que llega el momento del abuso sexual total. Cuando tú te das cuenta del tipo de formas de abuso sexual que hay hasta tu lector podrás darte cuenta que fuiste abusado y no lo sabias, como hemos visto el abuso viene de diferentes maneras sin tocar, cuando estas leyendo esto te darás cuenta que hasta tu padre o tu madre pudieron abusar de ti, al jugar, al

"Hay heridas que no desaparecen, pero sí pueden dejar de doler."

mostrarte, al hablarte, al tocarlos, así que paremos todos este abuso tanto de contacto como sin contacto porque estamos abusando de la capacidad intelectual de los niños para entender lo que es el sexo.

Como procede entonces la persona que abuso, todos creemos algo erróneo a veces, nos imaginamos que el abuso sexual ocurre con violencia y así casi nunca es. A veces creemos que el niño lucha y grita por misericordia y este casi nunca es el caso por lo menos al inicio, primero como lo analizamos inicialmente se oculta bajo un afectuoso juguetón regalos y ganarse los padres y entonces llega al punto de realizarse el abuso directo o casi siempre persuade al niño para que él se sienta culpable o para que se ejerza cierta presión sobre el valiéndose de toda las ventajas que tiene como persona mayor, por ejemplo todos a veces

"Hay heridas que no desaparecen, pero sí pueden dejar de doler."

tenemos la costumbre de a los niños los que somos padres "decirles comete la sopa o si no te vas a enfermar" "acuéstate temprano o si no te asustan" hay ciertos engaños para obedecer a los adultos que se utilizan de forma juguetona e inocente, ese mismo tipo de engaño juguetona e inocente utilizan los depredadores con el propósito de engañar a los niños y llevarlos por medio de la manipulación a hacer actos impropios, los depredadores se aprovechan de este entrenamiento que nos dieron desde niños, uno de estos depredadores malignos que está en prisión dice " muéstrenme a un niño obediente yo les mostrare a una víctima fácil" mucho hijuemadre ojala se quede toda la vida allí.

Una niña recibía llamadas telefónicas obscenas y cuando se le pregunto ¿por qué no había colgado? Dijo que le parecía que abrió sido una

"Hay heridas que no desaparecen, pero sí pueden dejar de doler."

descortesía hacerlo mientras alguien todavía estuviera hablando.

Una señora de 30 años de edad recuerda que su abuelo se acercó a ella a los 5 años de edad y le dijo" las niñas buenas hacen este favor a sus abuelos y nunca se lo dicen a sus padres". ¿cuántos niños y niñas inocentes de edad mínima, podrían ver las malas intenciones en una situación como esa? NINGUNO así que entrenemos a nuestros niños, estemos pendientes, vigilantes hasta de los propios abuelos, no quiero generar desconfianza, pero la realidad es una. Abuelos, padres, tíos, primos, amigos violan a nuestros hijos a mí me violaron, no hay peor ciego que el que no quiere ver, quitémonos la venda de la mentira veamos la verdad, si no cuidad tus hijos y lo estas educando como obediente, responsable, como una persona buena, una persona que ame

"Hay heridas que no desaparecen, pero sí pueden dejar de doler."

a los demás una persona que ame a Dios, estas también con la responsabilidad de cuidar que esa criatura que estas educando no la vean como presa fácil los maltratadores y delincuentes violadores.

Una relación abusiva la generan estos depredadores utilizando lo que les enseñamos en la casa a ser obediente, respetar a los mayores, que los mayores tienen la razón y esto lo utilizan para hacer esta relación abusiva y aprovecharse de los niños. Todo niño es preguntón y uno pregunta ¿y por qué esto? Y ¿para que esto? También los niños recordemos que todos queremos saber secretos, entonces los depredadores abusan de los menores se aprovechan de el querer natural de los niños del querer saber secretos, usted cuando niño ¿no hallaba emocionante saber algún secreto? Y

"Hay heridas que no desaparecen, pero sí pueden dejar de doler."

que alguien le contara algo que no le podías decir a nadie. Bueno, cierta niña tenía un secreto que no le podía revelar a sus padres, pero cierto día sus padres notaron que ella estaba actuando de manera precoz respecto a lo sexual, cuando le preguntaron donde había aprendido tal comportamiento la niña dijo "es un secreto, no lo puedo decir" los padres entonces hablaron con ella y le explicaron que a veces hay ocasiones en las que no podemos guardar un secreto, de modo que la niña revelo su secreto; un hombre de 40 años que estaba casado y tenía sus propios hijos y que era pariente cercano de la familia la había obligado a acostarse y la había violado ¡ ese era su secretico !, pero estos depredadores llega un momento donde empiezan a emplear amenazas, pero no a decirle "te voy a matar" no, ellos empiezan con amenazas sutiles, pero siempre atentando en contra del sentido de

"Hay heridas que no desaparecen, pero sí pueden dejar de doler."

seguridad del niño, por eso por ejemplo en mi caso me he ido 5 veces para los estados unidos, me he ido 5 veces en las que me he sentido amenazado. Una vez, porque también los que hemos sido abusados despertamos internamente ciertas cualidades que tal vez ni siquiera hayamos estudiado para ellas, por ejemplo yo he sido gerente de una programadora de televisión, de constructoras, inmobiliarias he tenido ganado he tenido fincas, he cerrado negocios de la nada, he ganado millones de la nada he sacado millones de la basura prácticamente, he sido un empresario pero yo nunca estudie para eso, cuanto tú has sido violado se te despiertan internamente otras cualidades que ni siquiera conoces porque estas concentrado tanto en tu dolor que tú mismo cerebro - obra de Dios – sobreviva sacando atributos y cualidades, para desenfocarte de forma como

"Hay heridas que no desaparecen, pero sí pueden dejar de doler."

protección natural lo que estás viviendo de esa angustia constante. Entonces, así como he tenido grandes ideas y negocios y he salido delante de la nada también al no haber sido entrenado para ello, entonces he sido vulnerable al confiar en todas las personas, por ejemplo en este momento que estoy sentado escribiendo estoy viviendo una de las ultimas situaciones después de haber ido 5 veces a los estados unidos, hace 5 años que fui amenazado por unos amigos que aportaron una plata para hacer un edificio y después fuimos embargados y el edificio por error de uno de los trabajadores gerente que era encargado de la constructora, todos fuimos embargados entonces todo se fue a pique y no pudimos vender el edificio, y bueno hay estamos todavía intentando salvar eso, y bueno… me amenazaron mis amigos que vieron que yo era temeroso entonces, cuando tú has

"Hay heridas que no desaparecen, pero sí pueden dejar de doler."

sido abusado eres propenso a sufrir algunos abusos ya adulto, de personalidad, de emociones. Entonces estos amigos que habían conocido mis temores, emociones y que por error les Conte que había sido abusado sexualmente de niño y vieron que era una persona temerosa, entonces cuando vieron que su dinero como en cualquier negocio pueden corres riesgos por que por eso se llama negocio puede haber riesgo, entonces se vinieron todos contra mí, me fui para estados unidos mientras se aclaraban las cosas acá, se aclararon y me llama una de las viejitas de 75 años que era mi socia y que me prestaba y me dice que me iba a ayudar, entonces me vengo de los estados unidos. Empiezo a hacer negocios con ella, empiezo a traspasarle todas las propiedades de la constructora y mías para que ella me las resguardara y me prestara plata para ir pagando deudas, pero

"Hay heridas que no desaparecen, pero sí pueden dejar de doler."

me prestara no que me comprara, pero al sol de hoy $5000.000.000 ML de pesos en sus manos a nombre de sus hijos y sus nietos y ahora dice a mi propia familia, sabiendo de mi angustia y mis temores, mis depresiones. Que ella me pago todo eso a mí, que no me presto, sino que me compro y que antes a perdido plata conmigo y las propiedades que valen más de $5.000.000.000 ML de pesos, que son el esfuerzo de más de 15 años de trabajo de inmobiliarias y constructoras que he tenido de lo cual todavía debo plata a muchas personas y amigos, dice que todo eso ya me lo pago, pero no me pago ni siquiera el 30% de lo que vale el 100% de las propiedades. Quiere decir si acaso me pago $2000.000.000 ML de pesos y valen $5000.000.000.ML de pesos y ahora hace que todos aquellos que me acusaban antes, los unió para que acaben contra mí para que acaben contra mí y ella

"Hay heridas que no desaparecen, pero sí pueden dejar de doler."

protegiéndose detrás de mis temores, mis angustias mis depresiones. Entonces ante eso voy yo, y quiero dejar esto escrito por si he muerto cuando ustedes lo lean esto no lo sé. Pero… quiero dejar la enseñanza de que está bien a sacado cualidades muy buenas en ti, no se tu mente quizás al ser abusado sexualmente tu mente no quedo con recuerdos muy buenos, pero tienes que entrenarte, tienes que capacitarte, no dar todo por hecho. "yo ya se hacer negocios y ya" ¡no ¡y otra cosa que te lo aconsejo, no des a mostrar tus temores – niño abusado, niño abusado – NO, solo cuéntale al psicólogo y a uno que otro familiar y quizás antes de casarte a tu propio esposo o esposa él tiene que luchar con nuestras debilidades en algún momento, entonces es muy sano que tu esposo o esposa sepan esas cosas para que sea un apoyo para ti, pero a nadie más. Cada que veía amor en las personas que

"Hay heridas que no desaparecen, pero sí pueden dejar de doler."

estaban conmigo les contaba lo que me había pasado tratando de encontrar protección, protección que no encontré cuando niño. Pero el resultado es catastrófico cuando esas personas ven ese interés egoísta con todo lo tuyo, aprovechan esos temores dudas, angustias, tristeza contra a ti para acabarte y llegan a ser tan destructivos como el mismo abuso sexual, después en otro libro si me da vida y protección y si con la ayuda de Dios salgo delante de todo esto les contare en lo que termino todo este asunto en lo que esa Señora y sus secuaces que me persiguen para quedarse con todo lo mío, pero antes de morir sea un sí o un no de la muerte quiero dejar este libro en las manos de padres amigos, personas abusadas con el propósito de que salgan adelante en la vida. Miren yo he sido millonario he sido muy rico, pero he perdido todo por los temores angustias y depresiones generadas

"Hay heridas que no desaparecen, pero sí pueden dejar de doler."

por el abuso, el psicólogo me decía "mira no atendamos lo del abuso Mauricio porque después no se si seas capaz con todo eso", NO ERROR hay que atender lo del abuso primero que cualquier otra emoción, porque el abuso es la raíz de todas tus dolencias y quiero participar con mi experiencia de vida en que tú puedes salir adelante triunfador pero también protegerte de que las personas y el mundo no abusen de tus emociones generadas por el abuso.

También los abusadores le dicen a un niño que si alguna vez uno divulga el asunto a alguien será desastroso para las personas que más quieres, entonces cuando tu consideras todo lo que hacen los abusadores sexuales es generarte como raíz, el miedo, la tristeza, dudas. La doctora Gail sheehi considera muchos de estos rasgos en el siguiente comentario " olvidábamos que considerábamos

"Hay heridas que no desaparecen, pero sí pueden dejar de doler."

omnipotentes las personas mayores cuando éramos niños, es muy fácil que un padre o una niñera comenzar ciertas actividades sexuales bajo el disfraz bajo un baño o una inspección de higiene normales", el niño se da cuenta que algo no marcha bien cuando se introducen los secretos, "no le digas a tu mama lo que hicimos" y se puede infundir bastante intimidación en un solo golpe si lo haces ella no te va a creer más y no te va a querer ¿podría el hijo o la hija de usted resistir el chantaje psicológico? Ningún niño está listo para el chantaje de ninguna forma y manera por eso los padres debemos dejar de utilizar el chantaje para educar a nuestros hijos porque esas son las armas que están utilizando el delincuente abusador para chantajear y abusar de los menores.

¿Cuál Es La Mejor Defensa Del Niño?

"Hay heridas que no desaparecen, pero sí pueden dejar de doler."

Las personas que cometen esta clase de vil abuso despreciable y condenable abuso, pueden ser las que menos te imaginas, puede ser las que más quieras y pueden valerse de tácticas astutas y complicadas. El abuso sexual de menores es tan antiguo como la historia, pero a medida que progresa esta generación y más personas llegan a ser amadores del dinero, amadores de sí mismas sin gobierno como lo dice la biblia esta amenaza es cada vez mayor, pero los niños tienen una defensa ¿cuál es la defensa? USTEDES, tu padre, tu madre.

El silencio en un niño es el grito de un daño profundo, no escuches su silencio, habla con él.

Si señores, la mejor defensa somos los adultos somos sus padres los que mejor podemos protegerlos de otros adultos malignos depredadores que quieren abusar de ellos que los ven

"Hay heridas que no desaparecen, pero sí pueden dejar de doler."

como objetivo. Entonces ¿cómo podemos proteger a nuestros hijos? ¿cómo podemos proteger a los menores? Ustedes son la primera línea de defensa, este tema no es nada agradable para nadie. Cuando uno piensa abusos, es que ¡puede un hermano mío abusar de mi hijo! Puede un tío abusar de mi hijo, uno como que no acepta eso. Esto da escalofríos con solo pensarlo es una pesadilla, sobre todo para los padres, pero es una espantosa y cruel realidad en el mundo actual y las consecuencias las viven más trágicamente los niños. Se lo está hablando alguien que ha sufrido por esto más de 40 años. Por eso si vale la pena hablar de ello estar siempre dispuestos a pagar por la seguridad de sus hijos con educación, con sacar de su tiempo de ja de prestar más atención a las riquezas al trabajo, a las diversiones, a las amistades y concéntrate en tu hijo. Ahora hijo si ya

"Hay heridas que no desaparecen, pero sí pueden dejar de doler."

te paso esto y ya eres adulto, ahora concéntrate en lo más valioso que tienes tu familia y a protegerlos de ellos y a enfocarte a ocupar tu mente en cosas productivas, eficientes, en cosas que generen paz y a veces no es la plata, eso es otras cosas. Pero conocer las verdades sobre este mal en el mundo que es el abuso es adquirir ventajas que pueden proteger, no dejemos que esta plaga nos acobarde, los padres ya tenemos habilidades que los hijos no tienen y que le llevaran años adquirirlas hasta décadas muchas décadas. Usted padre o adulto para proteger a sus familiares menores, usted tiene un caudal de conocimiento adquirido atreves de los años, experiencias, sufrimientos aquí es donde estas tu si fuiste abusado hoy en la edad que tienes

has adquirido un conocimiento gracias a todo lo que has vivido y

"Hay heridas que no desaparecen, pero sí pueden dejar de doler."

has sobrevivido que te vuelve una persona un tesoro que vale mucho para salvar la vida de los demás así que tienes que enforcarte por allí para ser feliz.

Pero todos tenemos que reforzar dichas facultades y utilizarlas para proteger a los menores de edad, Hay tres medidas esenciales que todos podemos adoptar para cuidar a los niños.

1) Instruir a los hijos de forma adecuada sobre los adultos mayores y sobre el tema sexual.

2) Convertirse en la primera línea de defensa observar, quien está siendo amable, a quien está queriendo ganar, quien está jugando con mi hijo quien no para poder decirles ¡hey no juegues así con mi hijo" para que sepan los depredadores que los tenemos en la mira.

"Hay heridas que no desaparecen, pero sí pueden dejar de doler."

3) Hay que enseñar acciones de protección básicas principales a los niños. Pero recuerden que usted como adulto y si fuiste abusado eres la primera línea de defensa para protegerlos de estos abusadores y que esto no volviera a pasar. La responsabilidad de los adultos no de los niños, así que todos los adultos debemos educarnos para protegernos a los niños y a nuestros menores, hay cosas que todos necesitamos saber por ejemplo quienes abusan de los niños por eso estoy escribiendo en este libro que pueden ser las personas que más quieras y las más cercanas las tácticas que usan recuerden lo que hemos hablado, regalos, caricas, juegos, ganarse los padres utilizan tus necesidades emocionales y físicas contra a ti así que estas detectando con este libro las tácticas que usan estos delincuentes. Recuerden que muchos creen que son extraños los

"Hay heridas que no desaparecen, pero sí pueden dejar de doler."

que están asechando a los niños o que están bajo la sombra para arrebatarlos y violarlos y así no es son personas cercanas también. Estos monstros malditos si existen en un 90% de los casos el agresor es una persona que el niño conoce y en quien confía él y sus padres, cuesta creer que es un amigo o un familiar, pero puede ser también un vecino o un maestro un entrenador un profesor de kínder familiares muy amables que puedan mirar con lujuria a su hijo. No hay razón para empezar a desconfiar de todas las personas que están a nuestro alrededor pues la mayoría son gente buena y no hacen algo semejante, pero para la protección primero es la desconfianza y antes de desconfiar de todo el mundo es preciso conocer los métodos de los que se vale el abusador y para eso los revelo en mi libro estas tácticas las que estoy escribiendo son las que usaron contra mí y contra mi familia y

"Hay heridas que no desaparecen, pero sí pueden dejar de doler."

te prepararan mejor para convertiste en un arma contra los abusadores y en defensa de tus hijos, cuando alguien parece interesarse más por los niños que por los adultos y demostrarle más atención a los juegos de los niños que a las conversaciones de adultos o muy atento con su hijo y hace regalos a usted familia o al niño y quiere protegerlo y cuidarlo cuando ustedes no están sin cobrar nada o llevarlo de paseo OJO es un depredador pero va concluir que todas las personas que muestran esto son abusadores, no, no podemos precipitarnos a sacar conclusiones, pueden que sean algunas personas inocentes. De todos modos, hay que ser precavidos, vale más la seguridad que la policía, vale más desconfiar de ciertas actitudes para revisarlas más y no confiarse. Pero ojo todo depredador es culpable hasta que el pruebe lo contrario. Nadie más te hablara de

"Hay heridas que no desaparecen, pero sí pueden dejar de doler."

esta manera, vuelvo y digo no quiero demostrar desconfianza en todo el mundo. Pero te estoy dando los tips, de cualidades y formas de actuar de estos mal nacidos. Para que los analices y cuando veas varios requisitos de estos que los cumple alguno de los que estas observando, ponlo en tu mira y prepárate para disparar en sentido de protección y medidas de cuidado para que no pase esto. Debemos recordar que todo regalito o cosas que nos ofrezcan, aunque parezca demasiado bueno para ser real seguramente no lo es, tienes que ir al fondo de las acciones, pensamientos y palabras de una persona y pensar "¿este que pretende?" pero sin demostrar esa desconfianza y mirar a fondo los antecedentes cualesquiera que ofrezca ¿de dónde es? ¿para qué viene? ¿quién es su familia? Y que actitudes tiene, averiguar por esa persona. Averigua donde vas a dejar

"Hay heridas que no desaparecen, pero sí pueden dejar de doler."

estudiando a tu hijo cuales son profesores, cuál es su currículo y hablar la comunicación con tu hijo es indispensable, no le hagas saber que puedes aparecerte en cualquier momento, pero aparécete continuamente en cualquier momento para comprobar que todo está bien. Por ejemplo, hay personas que cautelosamente han ido a revisar a diferentes horas diferentes días como son los profesores y los que cuidan a sus hijos, algunos han instalado cámaras, algunos han vigilado a otros y eso genera una red de protección a favor de los niños y así evitamos que sucedan estas cosas también en la misma casa si alguien está enseñando música a tu hijo por ejemplo puedes entrar sin tocar a revisar cómo va la música como va el estudio. Cuando un profesor de estos te dice que no los interrumpas tanto, interrúmpelos todo lo que puedas. Es mejor desconfiar que lamentar, tienes

"Hay heridas que no desaparecen, pero sí pueden dejar de doler."

que participar activamente en las cosas que hace tu hijo. Conocer sus deseos, sus gustos, sus juegos, jugar con ellos, entrar a internet con ellos, revisar las páginas web que están observando porque también tenemos que saber algo, hay muchos niños que han sido abusados no lo han dicho, no se va a saber hasta dentro de muchos años entonces ya tienen ciertas tendencias a las cuales como el cáncer o como la manzana podrida en el canasto de manzanas entonces pudre las demás. Entonces este niño que está siendo dañado con el abuso y no le ha dicho a nadie, no se lo ha dicho ni a sus amigos, pero le va a enseñar a su amigo a su hijo páginas web, imágenes de sexo y le va entrenar a tu hijo, así como está siendo entrenado para ocultar esto así que cuida a tus hijos de estas cosas averiguando quienes está teniendo como amigos.

"Hay heridas que no desaparecen, pero sí pueden dejar de doler."

La mayoría de los abusos sexuales se pueden evitar con vigilancia de los padres, "los padres nos sirven a sus hijos en bandeja de plata, se la ponen fácil" dice un violador en la cárcel. Recuerden que la mayoría de los abusadores buscan presas fáciles y una forma de evitar que su hijo lo sea es implicarse de lleno en su vida no a ratos, vale más tu hijo y su felicidad que los millones que te estas ganando padre, debes aprender a ser el mejor amigo de tu hijo, debes aprender a escuchar a callar no hablar tú y tu " cuando yo era niño te cuento …" escucha tu a tu hijo antes de hablarle, porque los niños casi nunca hablan abiertamente del tema por vergüenza, o por temor a la reacción y a las consecuencias que le ha metido aquel abusador en la cabeza, así que tienen es que escuchar con detenimiento con pausa, prestar mucha atención. Ahora, si te preocupa algo conserva la calma, si tu hijo te dice algo y se

"Hay heridas que no desaparecen, pero sí pueden dejar de doler."

preocupa conserva la calma, y hazle más preguntas para que se abra más muéstrale tranquilidad así estés asustado por dentro. Si el niño no quiere que valla un tío o tía familiar o niñera "cuéntame y ¿porque hijo, que te pasa?" perdón la palabra que te pasa no se usa, "cambiemos, ¿qué cualidades buscas en otro profesor?" le vas investigando que es lo que le atemoriza y ¿qué te hace, que cosas te hace? Si te dice, es que me hace muchas cosquillas, **OJO** los abusadores hacen cosquillas y ¿dónde te hizo las cosquillas? Pregúntale y no reste importancia a sus respuestas. Ahora, si crees que tu hijo ha sido víctima de abuso, apóyalo, créele, escúchalo y ese es el principio de su recuperación. Debes de educar a tus hijos de forma adecuada.

Otro violador decía "tráiganme a un niño, que no sepa de sexo y le

"Hay heridas que no desaparecen, pero sí pueden dejar de doler."

presentaré a la próxima víctima". Debes instruir a tu hijo, miren lo que dicen estos depredadores en la cárcel, estas escalofriantes palabras deben servir de aviso a los padres, un niño ignorante en materia sexual es muy fácil de engañar así que debes de entrenar a tu hijo, cuando tu hijo te pregunte ¿qué es masturbación? cuéntale y explícale que es la masturbación y enséñale lo perjudicial que puede ser dejarse tocar de un adulto y que te debe de contar y tienes que educarlos cuanto antes sea posible en esta materia. Debes hacerlo con calma sin sentirse como un tema embarazoso hablar de sexualidad con los hijos, no para nada debe ser algo natural. Cuando yo le pregunte a mi padre que era masturbarse él me decía, yo de niño de 10 años y ya estaba viviendo esa situación, me dijo a no "es tocarse el jean". que es eso… hay que contar a profundidad las cosas como son

"Hay heridas que no desaparecen, pero sí pueden dejar de doler."

porque si no el abusador se los explicara de una forma distorsionada y te dirá calla no le cuentes a nadie, debes de enseñarle los nombres de las partes de su cuerpo y para qué sirven y no usar lenguaje infantil hay que usar palabras reales y mostrarles que ninguna parte del cuerpo tiene nada de raro ni vergonzoso ni oculto y así será más fácil hablar de esto contra los abusadores, los niños hoy en día necesitan saber que hay personas que quieren tocarlos o hacer que ellos los toquen de manera indebida, estas advertencias no tienen por qué infundirles pánico ni hacerlos desconfiar de todos los adultos es simplemente un mensaje preventivo uno más de los que les damos y no tienen nada que ver en el abuso y no se debe asustar el niño por eso, eso depende de tu como se lo expliques, la educación de los niños también debe tener una manera equilibrada de ver la obediencia y que

"Hay heridas que no desaparecen, pero sí pueden dejar de doler."

no obedezcan todo lo que digan los adultos, si un adulto le dice "tóqueme" jamás toques eso, entonces hay tiene que saber educar al niño con respecto a esas cosas, no nos debemos ir a extremos, pero los depredadores sexuales detectan enseguida a un niño que es excesivamente sumiso, por consiguiente los padres sensatos enseñan a los a hijos que la obediencia es relativa o si obedeces lo bueno no lo malo. Está bien, y debemos enseñarles las acciones de protección básicas. Por ejemplo, con los juegos los padres podemos enseñar a los niños ¿qué harías si un adulto te ofrece esto? haber el niño que contesta y educarlos en lo que debe de hacer, ¿qué harías si estuviéramos en un supermercado y te perdieras? Y un adulto llega y te dice vámonos para tal parte, ¿Cómo me encontrarías? ¿te harías con ese adulto? Empezar a enseñarle al niño como protegerse, y no se te ocurre

"Hay heridas que no desaparecen, pero sí pueden dejar de doler."

otra idea mejor, empezar a ser parte, cómplice con la enseñanza con el niño. Bueno ¿y si alguien trata de tocarte tú qué harías?

Que le vas a decir y que me vas a contar a mí. Les pueden contar una historia usando como personaje a otro niño, por ejemplos si una nena esta con un familiar bien querido y la intenta tocar donde no debe que crees que debería hacer esa nena. Cosas como esa los prepararan y así podremos salvaguardar la vida de este joven. Es enseñarles acciones de protección básicas. Un escritor dijo "un rotundo NO o no hagas eso, déjame en paz son recursos muy eficaces para ahuyentar a los abusadores y hacer que lo piensen 2 veces antes de elegir a su víctima" así que debes enseñar a tu hijo a decir No, no hagas eso le voy a decir a mi papa, puedes hacer diferentes presentaciones hasta que el niño

"Hay heridas que no desaparecen, pero sí pueden dejar de doler."

aprenda a rechazar con firmeza cualquier clase de abuso que le intenten hacer. Todos estamos incluidos en el cuidado de los niños incluido los varones y más si eres adulto y pasaste por una situación como esta. Así que llego la hora de salvar vidas así que no rechaces esta oportunidad como yo la estoy usando en este libro por favor.

Todos estamos listos para combatir a los abusos sexuales. En el 2006 el secretario general de las naciones unidas presento ante asamblea general un informe mundial sobre la violencia infantil, realizado por un experto independiente, se calcula que en un año reciente 150.000.000 millones de chicas y 3.000.000 de chicos menores de 18 años tuvieron relaciones forzadas o sufrieron otras formas de violencia sexual, si bien las estadísticas son pasmosas el informe aclara que las cifras se quedan cortas

"Hay heridas que no desaparecen, pero sí pueden dejar de doler."

de lo que es la vida real y se basa en estudios realizados en 21 países lo que indica que en algunos lugares hasta el 36% de las mujeres y el 29% de los varones han sido objeto de algún tipo de violencia sexual durante su infancia, la mayoría de los agresores era familiares así que padres familiares, amigos. Victimas llego la hora de parar a estos depredadores acabemos con ellos, cuenten conmigo.

En el próximo libro escribiré formas de cómo salir adelante después de haber sido abusado sexualmente.

Vamos hablar de cómo salir adelante después del abuso sexual. Mi historia se basa en temores dudas, ansiedad, depresión, desengaños, generadas todas desde el abuso a veces he querido simular o dar a entender de

"Hay heridas que no desaparecen, pero sí pueden dejar de doler."

que mi vida es perfecta, de que estoy feliz en todo instante pero ha sido tanto la experiencia de ocultar lo que siento que puedo estar en un momento llorando amargamente en un baño y después salir secarme las lágrimas y salir sonriendo feliz dichoso y empiezo a concentrarme en las cosas que las personas necesitan de mí, empiezo a generar soluciones ideas formas de trabajo cosas así, entonces se vuelve un niño después de ser abusado en una persona experta en ocultar su dolor, en ocultar lo que piensa lo que siente, así que si mi vida se ha basado en ocultar mis emociones mis sentimientos y no poder encontrar ayuda en otras personas ¿cómo he podido salir yo adelante?

Bueno, al inicio del libro contaba todo lo que comercialmente he hecho, entonces ¿cómo he logrado hacer todo en medio de tanta crisis

"Hay heridas que no desaparecen, pero sí pueden dejar de doler."

emocional? a continuación, voy a escribir todo aquello que a mí me ha servido en la vida para sobrevivir en medio de una vida casi destruida por el abuso sexual.

Puedo ser feliz, si señor. El abuso ya paso eso no está pasando ya dejo de existir, ya no existe si no en mi mente en un recuerdo, pero, así como recuerdas lo malo debes recordar que eres capaz de iluminar el mundo lleno de oscuridad, debes ser capaz de recordar las cosas bunas que has hecho por otras personas, puedes recordar que estas vivo y puedes cambiar tus emociones tus sentimientos negativos y convertirlos en cosas positivas en motivos, cuando te sientes poco. puedes determinar y decir a partir de este momento cada vez que me sienta poco hare mucho y seré más. La mente es la que controla nuestras emociones ejemplo recuerda en este

"Hay heridas que no desaparecen, pero sí pueden dejar de doler."

instante el momento más feliz de tu vida ¿cómo te sientes? Verdad que pasas unos momentos, unos segundos de emoción positiva. Por ejemplo en mi caso yo recuerdo cuando nació mi hijo mi esposa estaba desmayada de la sangre que perdió del dolor de todo lo que había acabado de pasar pero sale ese muchacho gigante de más de 55 cm y mi esposa desmayada y yo feliz, no por mi esposa que estaba así, estaba triste por mi esposa pero cuando veo esa criatura nacer y llorar tan gigante y tan grande tan rojo que estaba por que se estaba ahogando pero cuando nació mi niño mi vida cambio, cuando estoy deprimido recuerdo ese instante y como mi vida cambio desde ese momento y como la sonrisa de mi hijo me genera felicidad así que tengo como si estuviera en medio de una avalancha una inundación que está arrasando todo y encuentro un tronco de donde aferrarme ese tronco es el

"Hay heridas que no desaparecen, pero sí pueden dejar de doler."

nacimiento de mi hijo, así mismo recuerdo cuando me case lo hermosa que estaba mi esposa la primer noche que pase con ella de cómo le hecho aceite en todo su cuerpo y recuerdo esos momentos para recordar que en mi vida también hay momentos felices y si hubo 1 hay 2 y si hay 2 hay 4 y 20 y 50 depende de ti, depende de no dejar que tu mente te enfrasque en solo sufrimiento y dolor, paso ya paso, ósea es como la muerte de un ser querido murió ¿que puedes hacer? Si sufriendo resucitas a tu ser querido pues suframos, pero no resucitas a un ser querido con tu sufrimiento por mucho que lo ames. ¿por qué sufres y para que sufres? Tienes que aprender a ser una persona sensata, lo que se puede se puede y lo que no, no. No puedes cambiar tu pasado, pero si puedes construir tu futuro así que, a construirlo no con base a sufrimiento, pero sí que el sufrimiento te enseñe por donde vivir la vida por

"Hay heridas que no desaparecen, pero sí pueden dejar de doler."

el lado feliz, ¿cómo? En mi caso por ejemplo es una felicidad hoy estar ayudando personas a detectar a los depredadores a combatirlos eso me da felicidad, así que puedes enfocar tu mente no a que recuerdes el momento en el que te estaban violando, no en el momento en el que te estaban haciendo esa crueldad NO, cuando llegue ese momento recuerda mejor cuando te casaste con tu esposa, cuando nació tu hijo, cuando compraste tu primer bicicleta tu primer moto, carro, cuando te graduaste de algo, cuando te diste el primer beso con la persona que amas. Recuerda eso no lo malo, porque lo malo al igual como se murió el ser querido no se puede hacer nada con sufrir, no se puede hacer nada con el hecho de que a uno le duele es verdad, pero si podemos hacer que el dolor tenga un límite, Hahn que falla, no pero pa delante eso es todo, no olvides el pasado por que ayudara

"Hay heridas que no desaparecen, pero sí pueden dejar de doler."

para el futuro para construir un futuro sólido y firme, no olvides tus errores y reconócelos para recordar por donde no es para que sepas hacer las cosas, todas las caídas y todos los sufrimientos que has pasado quedaron en el pasado para construir un futuro, entonces es el trabajo de tu mente. Llego el momento de que aprendas a controlar la loca de tu mente, eso es una loca trabaja gratis jediéndole la vida a uno haciéndole sentir emociones negativas, las emociones negativas te generan enfermedades te pueden despertar hasta un cáncer, te pueden debilitar, desgastar, desmotivar te pueden llevar a la muerte, te pueden hacer tirar de un edificio así que tienes que reconocer primero que todo el poder gigante que tiene la mente, pero después de reconocer ese poder recuerda que tú eres más poderoso que la mente que tu corazón es más poderoso que la mente y que eres

"Hay heridas que no desaparecen, pero sí pueden dejar de doler."

capaz de controlar tu mente, te voy a mostrar como en este instante. Piensa por ejemplo en el momento más difícil de tu vida en mi caso cuando me estaban violando, ahora en este instante deja de respirar ya, deja de respirar hasta que no aguantes más pero después de que ya no aguantas dejar de respirar, respira despacio suéltalo más despacio todavía el aire por tu boca, después deja de respirar otra vez vuelve y suelta el aire despacio, ahora te pregunto ¿cierto que el pensamiento negativo que tenías perdió el 90% de su fuerza? Así es señores, así se controla la mente, la mente necesita oxígeno para castigarnos con los recuerdos del pasado, la mente necesita que la alimentemos con oxígeno para martirizarnos con el látigo del pasado, así que cuando estés débil cuando estés llevado por que tu mente te está trayendo el recuerdo más cruel de tu

"Hay heridas que no desaparecen, pero sí pueden dejar de doler."

vida cuando te estaban abusando, cuando te estaban diciendo ¿te duele? Cuando te estaban diciendo voy a matar a tu papa y a tu mama, cuando tu mente te esté encasillando en esa tortuosa celda del pasado quítale el oxígeno y mata ese pensamiento cuando tu cambias es pensamiento cambia ese recuerdo tan desastroso por un recuerdo constructivo, por ejemplo con tu pareja, ejemplo tu hijo ejemplo esos momentos felices, cuando estas soltando el aire despacio por tu boca allí le estas diciendo a tu mente "quieta mamita que a mí no me vas a joder más la vida" te voy a controlar en algunos casos es tan fuerte la ansiedad la tristeza el desespero que es bueno tomar medicina natural, por ejemplo, rescate que genera una cierta nivelación de las emociones, pero medicina que este avalada que esta licenciada para que puedas controlar tus emociones ya que hay

"Hay heridas que no desaparecen, pero sí pueden dejar de doler."

ocasiones en que tu mente esta tan mal educada por todo tu pasado por toda tu vida de sufrimiento, que está pidiendo a veces que la alimentes con los recuerdos negativos. llega un momento en que tu mente esta digamos despejada has aprendido a manejar todas esas emociones que esta despejada y estas concentrado por ejemplo cantando música y llega el momento donde se te prende el recuerdo de la loca maldita ansiedad y te dice ¿y por qué estas tan tranquilo? Me falta mi dosis de ansiedad, esa es la maldita loca de la mente diciendo me estoy muriendo dame pensamientos negativos recordar que te abusaron en ese momento aplica inmediatamente la de la respiración, ahora meditar, meditar es concentrarse en algo sin pensar a mí me han dicho que meditar es desconectarse de todo pensamiento, pero a mí me ha servido más pensar en un pensamiento positivo, un

"Hay heridas que no desaparecen, pero sí pueden dejar de doler."

recuerdo positivo, o una meta lejana o cercana me gusta más meditar en una meta cercana que pueda realizar más fácil para así llegar a metas más lejana y difíciles. Entonces, quiero sacar una empresa adelante, entonces medito como lo voy hacer, voy hacer esto o aquello, el mercado va estar dirigido a tal cliente si no funciona y si hay plata hago eso o si no hay plata hago esto, si hay dificultades hago esto. Entonces miren que en segundos todo lo que puedo estar pensando eso es meditar en una cosa, saber sacar una empresa adelante y esa empresa adelante se llama ocuparme en algo.

Ocuparme en algo, tu mente necesita estar desocupada para ser fuerte, cuando tu estas desocupado tu mente se ocupa en joderte la vida, entonces lo mejor que puedes hacer es siempre recuérdalo mantenerte siempre ocupado. Vacaciones, fines

"Hay heridas que no desaparecen, pero sí pueden dejar de doler."

de semana, días libres es momento de hacer algo diferente a quedarte quieto eso no quiere decir que por que esas desocupadas entonces si me quedo libre, me quedo quieto en la cama sin hacer nada sin pensar nada, no señor ese ambiente es peligrosísimo. Tienes que ocuparte un domingo, por ejemplo, salir a trotar, salir a caminar si no te gusta hacer mucho ejercicio entonces sal a caminar ósea sal a dar la vuelta con el perro de tu casa o solo con audífonos escuchando la música que te genere positivismo no música que te lleve a la depresión, que te genere entusiasmo, positivismo, energía, ganas que te provoque cantar, baila. Habrá momentos en que, si quieras recordar a la novia que no, mi esposa que está peleada conmigo o a veces avivar esas relaciones escuchando musiquita romántica, pero nosotros los que fuimos abusados sexualmente lo más recomendable es

"Hay heridas que no desaparecen, pero sí pueden dejar de doler."

no escuchar música triste. Otra situación indispensable que uno debe aprender para ser feliz en medio de la situación es después de ocupar los pensamientos la mente y ocuparte los fines de semana cuando estas descansando es adquirir hábitos de amistad. así como en una empresa tú tienes que calificar tus competencias tus cualidades para que den el trabajo para x o y función asimismo tú debes exigir y tener claro en tu mente que cualidades son perjudiciales en los amigos que vayas a tener para no tener esa clase de amigos y tener los que tienen cualidades constructivas por ejemplo las personas que hemos sido abusadas sexualmente tendemos a dejarnos afectar mucho por lo que dicen de nosotros los amigos, lo que opinan las personas de nosotros así que si tú tienes a tu lado amigos negativos pesimistas esos te van a robar toda la energía que tú tienes y así te dediques a controlar tu

"Hay heridas que no desaparecen, pero sí pueden dejar de doler."

mente y a ocuparte cuando estés desocupado esas cosas te van a debilitar cuando esas personas tóxicas están alrededor tuyo y se equivocan o caen en dificultades te culpan a ti, o tu cargas con las consecuencias y responsabilidades de Sus actos y después te juzgan a ti, recuerden lo que les Conte de mi experiencia de la viejita que me quiere quitar todo, cuando vio la oportunidad de irse contra mi empezó a utilizar todo lo que conocía secreto de mí, que fui abusado, que me falta el cariño el amor que me afecta lo que dicen. Entonces todas esas armas que conoció las utilizo contra mi ¿Por qué? Por qué dejé que se acercara a mi vida y empecé a tener una amistad estrecha con una persona manipuladora, toxica las personas manipuladoras son toxicas por que la manipulación siempre va detrás con engaño con fraude en el amor, o sea no son personas sensatas en lo que

"Hay heridas que no desaparecen, pero sí pueden dejar de doler."

sienten entonces es peligrosa esa amistad. Entonces debes tener claro en tu cabeza que personas son constructivas y que no para ti y aléjate de esas personas, ellas no se van a querer alejar de ti porque todos los que hemos sido abusados sexualmente llegamos a ser personas de corazón transparente que somos como una esponjita que todo lo recibimos, que a todos queremos ayudar por que el dolor tan grande que sentimos queremos que nadie más lo sienta. Entonces eso lo detectan las personas manipuladoras y las personas egoístas y quieren hacerse al lado de uno. Ósea que nosotros atraemos ese tipo de personas, entonces siempre te van a rodear las personas manipuladoras y egoístas, conflictivas porque al lado tuyo sienten cierta comodidad un confort por la persona que eres, por que la persona que ha sido abusada sexualmente que siente dolor y tiende

"Hay heridas que no desaparecen, pero sí pueden dejar de doler."

a ser una persona siempre amorosa, entonces ese confort la buscan los que les gusta manipular las cosas y personas para sí mismas y no para los demás. Aquí ya hemos visto varias situaciones que puedes manejar para ser feliz después de haber sido víctima de abuso sexual, ahora, forma un grupo de reacción inmediata ¿quién debe saber tu problema? Ya he mencionado que no lo debe saber todas las personas, pero ¿Quién si lo debe saber? Tu familia padres y hermanos deben saber lo que has vivido y lo que estás viviendo a cada instante, porque son tus columnas de apoyo en medio de las tempestades en medio de los terremotos por los recuerdos y por las emociones que se metieron en tu cabeza estos abusadores, entonces tu familia debe tener ese soporte, pero OJO no te aproveches mal del hecho de que tu familia te está ayudando porque paso eso tampoco puede justificar el que

"Hay heridas que no desaparecen, pero sí pueden dejar de doler."

actúes mal, que por qué fuiste abusado entonces vas a poder actuar mal sin tener consecuencias de nada, antes pueden ser más consecuencias desastrosas para ti, porque vienen las consecuencias reales por tus malos actos, vienen también las debilidades de todo tu pasado.

Entonces eso te puede acabar por eso debes cuidar tus actos ser una persona honrada, trabajadora, transparente, ahora, cuando te equivoques porque te vas a equivocar en tu vida como todo el mundo tienes que borrón y cuenta nueva, ósea reparar, arreglar, reconocer, agachar la cabeza pero un instante pero de ahí para delante mirar para arriba no te vas a quedar agachando la cabeza para siempre y por siempre tu actitud siempre debe ser de combate de lucha, optimismo no de derrotado ahh es que yo fui el violado para nada nunca sientas lastima por ti, ¿Por

"Hay heridas que no desaparecen, pero sí pueden dejar de doler."

qué? Porque estas vivo y puedes triunfar y porque tienes coraza para sufrir mucho porque ya soportaste lo peor que le puede pasar a un ser humano.

Si fuiste víctima de abuso y hoy sientes confusión sobre quién eres, recuerda esto: **el abuso no define tu identidad ni tu futuro**.

Es normal que después de un trauma tengas pensamientos que te confundan o te hagan dudar de ti mismo. La mente herida muchas veces distorsiona la verdad, haciéndote creer que no vales o que estás destinado a repetir lo que viviste. **Eso es una mentira.**

✓ **Consejo 1:** No tomes decisiones importantes cuando estás dominado por el dolor o la confusión. Primero sana, luego elige.

"Hay heridas que no desaparecen, pero sí pueden dejar de doler."

✓ **Consejo 2:** Busca ayuda profesional y espiritual. Hablar con un psicólogo, consejero o mentor te ayudará a ordenar tus emociones y ver la vida con claridad.

✓ **Consejo 3:** Recuerda que **tu mente puede engañarte cuando está herida**, pero la verdad es que eres valioso y capaz de grandes cosas. No creas todo lo que piensas cuando estás en tu momento más oscuro.

✓ **Consejo 4:** Rodéate de personas que te inspiren a ser mejor y no de quienes alimenten tu dolor o confusión.

✓ **Consejo 5:** Decide hoy vivir como triunfador. Ser triunfador no es no caer nunca, es **levantarte cada vez que caes y usar tu dolor como impulso para crecer y ayudar a otros**.

"Hay heridas que no desaparecen, pero sí pueden dejar de doler."

Dios te creó con propósito. Si hoy no sabes quién eres, busca a Dios y pídele dirección. Él no te creó para vivir encadenado al dolor o a la confusión, sino para caminar con fuerza, claridad y paz.

Así que, si por el abuso estas confundido llego la hora de pedir ayuda profesional porque o si no, tenderas a siempre ser una persona con una carga pesadísima sobre sí mismo llamado acusación de la conciencia.

Ahora, es entendible que un niño que ha sido manipulado, abusado o expuesto a situaciones dolorosas desde pequeño crezca con heridas que marcan su vida y su forma de pensar. Muchas veces, esas experiencias confunden su identidad, sus emociones y sus decisiones futuras. Por eso, en lugar de juzgar, es importante recordar que cada persona tiene una historia que

"Hay heridas que no desaparecen, pero sí pueden dejar de doler."

merece ser escuchada con respeto y compasión.

Así como un niño expuesto al alcohol desde temprana edad puede desarrollar adicciones sin haberlo elegido, también quienes han sido lastimados en su niñez pueden crecer con miedos, inseguridades o deseos que no comprenden. No se trata de culparlos, sino de entender que detrás de cada conducta hay un pasado de dolor que necesita sanidad. Lo mejor que podemos hacer es ayudarlos con amor y respeto, para que encuentren la verdad, vivan en libertad de ese pasado, y hagan el bien delante de Dios, guiados siempre por el amor a él y al prójimo.

Si tú eres alguien que hoy se siente confundido, herido o atrapado por experiencias que no elegiste vivir, quiero decirte con todo mi corazón que **siempre hay esperanza**. No importa lo que haya pasado, tu vida

"Hay heridas que no desaparecen, pero sí pueden dejar de doler."

puede cambiar. Dios sigue siendo tu mejor amigo, y Él tiene las respuestas que tu alma necesita. Te invito a buscar su paz y su amor, porque cuando tu mente y corazón están en sus manos, encuentras fuerza para superar cualquier situación.

La mejor manera de sanar y encontrar propósito es acercándote a Dios. ¿Cómo se busca a Dios? Leyendo su Palabra, orando y confiando en que su amor no te juzga, sino que te levanta. Te lo digo como alguien que fue abusado, que vivió en silencio con el dolor y las consecuencias, pero que hoy puede escribir estas palabras gracias a su amor y fortaleza.

Mi mensaje es este: **si hoy decides luchar, tu vida puede ser diferente.**

Así que mis últimas palabras para ti son:

"Hay heridas que no desaparecen, pero sí pueden dejar de doler."

¿Quieres salir adelante, ser feliz y triunfar en la vida después de haber vivido un abuso sexual?

Mi consejo es simple:

- Busca a Dios.
- No vivas en el pasado
- Vive el presente con ilusión
- Haz el bien contra el mal.
- Supérate cada día.
- Ponte metas de crecimiento personal.
- Cultiva relaciones sanas.
- Sé fiel a tus amigos y a tu pareja.
- Haz feliz a tu familia, sé leal e íntegro.
- Perdona tu pasado y déjalo atrás.
- Aléjate de personas tóxicas o negativas.

"Hay heridas que no desaparecen, pero sí pueden dejar de doler."

- Rodéate de quienes te enseñen a ser mejor.
- Recuerda: eres un campeón de la vida.
- Nunca dudes de ti. Si te lo propones, lo lograrás.

Eres un guerrero. Estás listo para triunfar.

Ahora, solo hazlo.

Gracias por permitirme entrar a tu vida a través de estas páginas. Recuerda: las sombras nunca vencen a quien decide vivir en la luz.

Apoya esta misión

Si este libro tocó tu vida, inspiró tu camino o te ayudó a sanar y quieres apoyar esta misión de esperanza para miles de sobrevivientes de abuso sexual, puedes realizar un aporte voluntario.

"Hay heridas que no desaparecen, pero sí pueden dejar de doler."

Tu donación será utilizada para:

✓ Publicar y distribuir libros gratuitos a víctimas y familias vulnerables

✓ Crear talleres y conferencias de sanidad emocional y superación

✓ Continuar escribiendo y produciendo contenidos de impacto para quienes más lo necesitan

Apóyanos aquí::

- **PayPal**

https://paypal.me/NuncaMasFund

Cada aporte nos permite seguir ayudando.

Nota: Estas donaciones no son deducibles de impuestos. Son contribuciones voluntarias para apoyar los proyectos y publicaciones de John Maurice como autor y conferencista.

"Hay heridas que no desaparecen, pero sí pueden dejar de doler."

Gracias por ayudar a transformar dolor en esperanza, y heridas en fuerza.

"Cada aporte es una luz más que ilumina un corazón que aún está en sombras."

"Una palabra de amor puede salvar a un alma que se creía perdida."

"Donde sembramos esperanza, florecen vidas que pensaban rendirse."

"Tu luz puede ser el amanecer que otro corazón está esperando."

"Recuerda: tu pasado no define quién eres, pero tus decisiones de hoy sí pueden definir quién serás mañana."

"Hay heridas que no desaparecen, pero sí pueden dejar de doler."

Con gratitud,

John Maurice

"Hay heridas que no desaparecen, pero sí pueden dejar de doler."

10 FRASES DE PODER
(PARA SANAR Y AVANZAR)

"Hay heridas que no desaparecen, pero sí pueden dejar de doler."

"Hay heridas que no desaparecen, pero sí pueden dejar de doler."

Mi historia no termina en mi herida; comienza en mi decisión de levantarme.

Extraído de: *Nunca Más* – John Maurice

Extraído de: *Nunca Más* – John Maurice

"Hay heridas que no desaparecen, pero sí pueden dejar de doler."

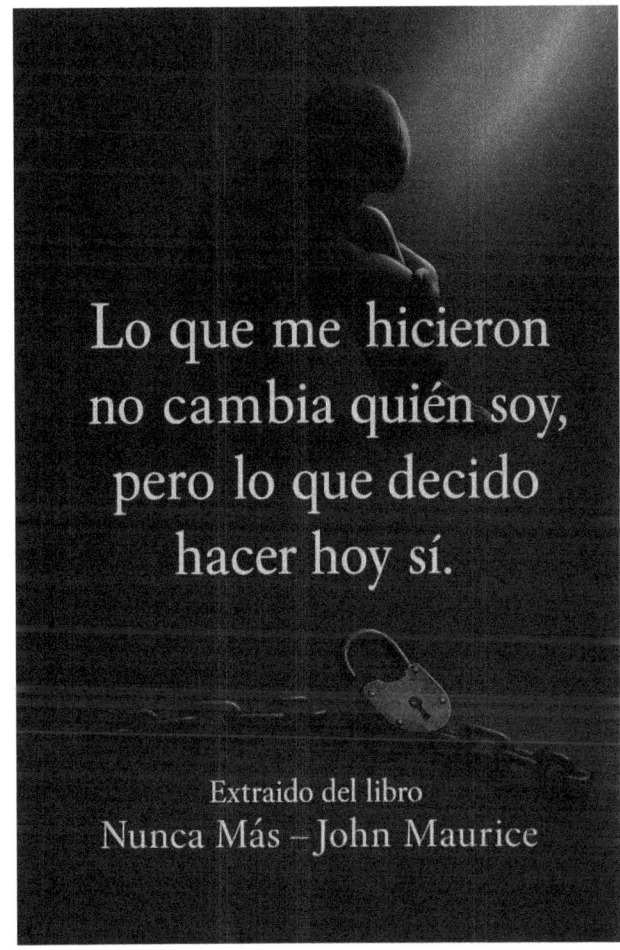

"Hay heridas que no desaparecen, pero sí pueden dejar de doler."

"Hay heridas que no desaparecen, pero sí pueden dejar de doler."

"Hay heridas que no desaparecen, pero sí pueden dejar de doler."

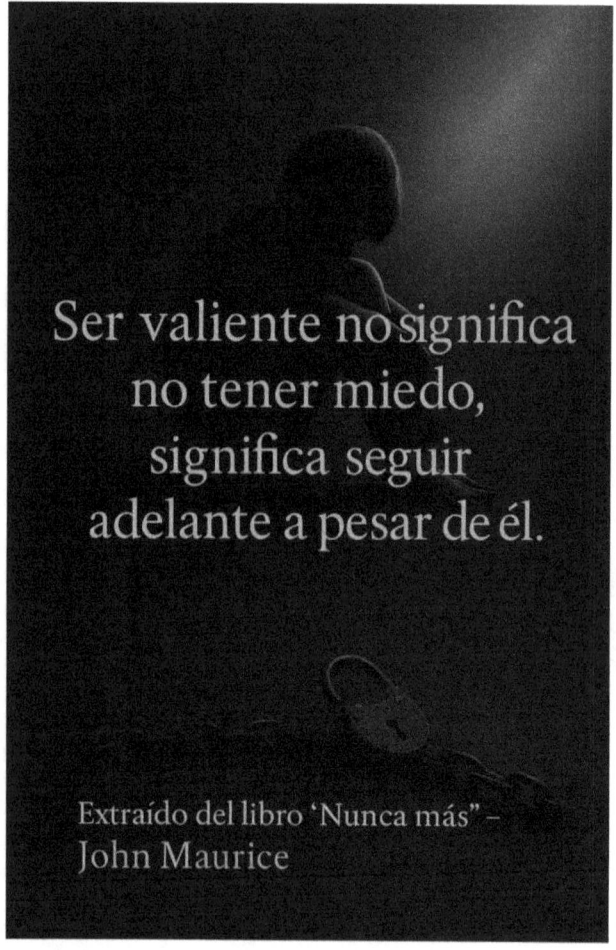

"Hay heridas que no desaparecen, pero sí pueden dejar de doler."

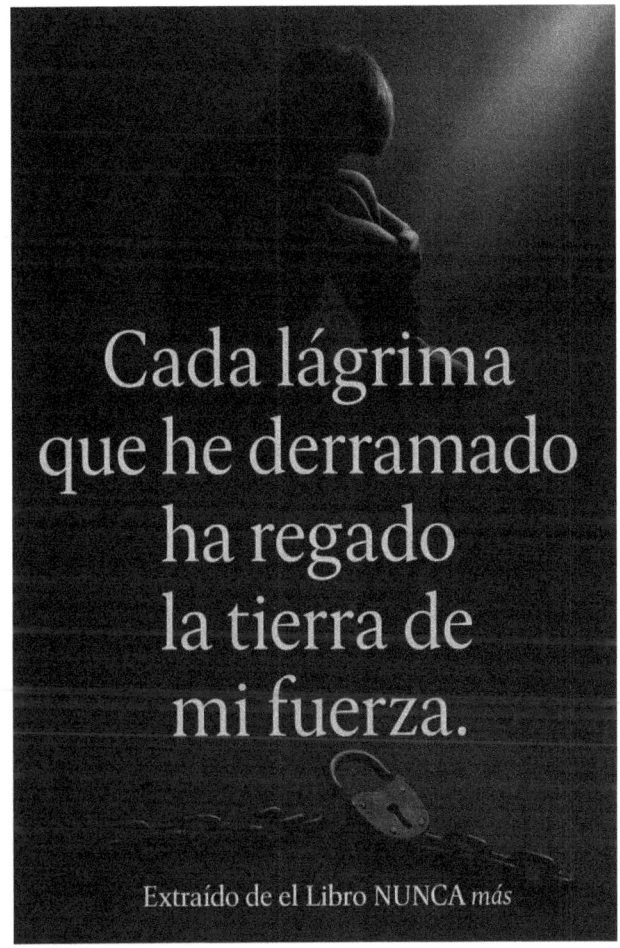

"Hay heridas que no desaparecen, pero sí pueden dejar de doler."

La libertad comienza cuando rompo el silencio de mi dolor.

Extraído del libro NUNCA más - John Maurice

"Hay heridas que no desaparecen, pero sí pueden dejar de doler."

"Hay heridas que no desaparecen, pero sí pueden dejar de doler."

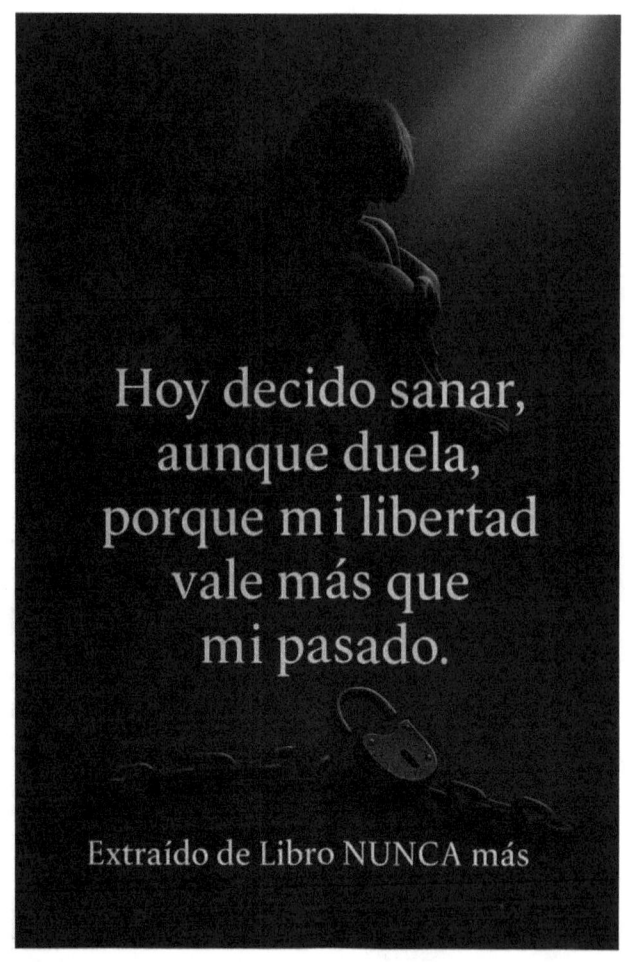

"Hay heridas que no desaparecen, pero sí pueden dejar de doler."

Mi pasado *no* define mi futuro, solo fortalece mi camino.

Hoy decido que NUNCA MÁS

Extraído de Nunca más –

www.ingramcontent.com/pod-product-compliance
Lightning Source LLC
Chambersburg PA
CBHW071117160426
43196CB00013B/2603